空き家は使える！
戸建て賃貸テッパン投資法

サーファー薬剤師

技術評論社

まえがき

現在の日本には空き家があふれています。日本の空き家率は、２０１３年の数字で**13・5%**。なんと**10戸に1戸は空き家**なのです。

しかも、その空き家は年々増え続けています。

ひと口に空き家といっても、それは「廃墟」などでは決してありません。**空き家のうちの実に70%以上が「活用可能な空き家」**であることをご存じでしょうか。

十分活用できる状態のままで空き家が放置され続けているのは非常にもったいないことです。

私のような戸建て物件を専門に扱っている不動産投資家にしてみれば、それは**宝の山にしか見えません！** 私は現在７戸の戸建て物件を持っていますが、**購入したときは1戸を除いてほかはすべて空き家**でした。

日本各地であふれるようになった空き家。その空き家がどのようにお金を生み出すガチョウへと変身していくのか？

この本のなかで明らかにしていきます。

それでは、まずはご挨拶から。

はじめまして。サーファー薬剤師と申します。

私は薬科大学を卒業後に薬剤師の国家資格を取得。その後かねてから憧れていたオーストラリアにワーキングホリデーに行き、サーフィン、パーティ三昧の生活を送ったのち帰国。「さあ、これからはイッパシの社会人としてしっかり自分の足で立っていこう」と薬剤師として働き始めたのですが、最初に勤めた会社はわずか1年で退職。その次の会社も1年もたずと、二度も短期退職を繰り返したのです。

社会人にはなったものの自分のなかで「これ！」という目標を見出すことができず、何をしていいのかわかりませんでした。

その後パートで薬剤師をしながらネットショップを立ち上げ、インドネシアからハンモックチェアを輸入するなどしたりしましたがこれもうまくいかず。ＦＸに手を出し最初は儲けが出ていたので、「これでオレは飯を食っていける！　蔵を建てられるぞ！」とビギナーズラックでイタい勘違いをしましたが、結局ヤケドして撤退するなど、まさに迷走していたのです。

そんなとき、私はとあるセミナーである男性の隣に座りました。

セミナーがスタートして講師の先生が話を始めます。すると、先生は隣の男性について話をしだしたのです。

どうやら隣の男性は本を出版している有名人のようです。その人はヒゲを生やした優しそうな雰囲気のお兄さんでした。

私がヒゲのお兄さんに「何の本を出版しているのですか？」と聞くと、不動産投資に関する本だといいます。

その人は、ベストセラー『まずはアパート一棟、買いなさい！』で知られる石原博光さんでした。

セミナーのあと、セミナー参加者みんなで秋葉原のヨドバシカメラに石原さんの本を買いに行きました。

その後の飲み会には石原さんの姿もありました。

私はビールジョッキを握りしめながら食い入るように石原さんの話に耳を傾けていました。そこで不動産投資のお話をいろいろ聞かせていただいたのですが、当時の私にとっては衝撃的な内容ばかり。

いままでろくに本も読まなかった私ですが、石原さんが出している本を読破したのを皮切りに、それ以外の不動産投資の本も読み漁るようになりました。

不動産投資の軍資金をつくるために自宅も家賃6万円の戸建てから3万円のアパートに引っ越し。私の生活は一変して、完全にスイッチが入った状態になりました。

それまで家にいるときは見たくもないテレビを見てはダラダラ過ごしていたのですが、テレビは一切付けなくなり、その代わり不動産投資の勉強をするようになりました。不動産投資の本はもちろん、ビジネス書や哲学書まで手を広げて読みふけり、そのうえで「自分はこれから不動産投資をやっていこう」と決意したのです。

人の人生が変わるまでには4つの段階があるといわれます。考えが変わり、行動が変わり、習慣が変わり、人生が変わる。皆さんも聞いたことがあるはずです。これは結局、**自分の頭のなかで思い描いたことしか現実にはならない**ということなのだと思います。

それまでの私は、目標が見つからない、何をしていいかわからないというなか、それでも何の根拠もなく、成功できないかな、と考えていました。

それでネットショップをやってみたり、FXに手を出してみたりしたのですが、頭のなかが変わっていなかったので、生活も人生も変わることはありませんでした。

自分のことを少し冷静に見つめられるようになった私は、2012年に1戸目の物件を購入。**地方に建つ空き家の戸建て物件**です。それからも地方戸建て物件をターゲットに不動産投資を行い、この本を書いている時点で7戸の戸建てを所有しています。

あれだけ迷走していた私ですがいまでは目標もはっきりしていますし、ブレることもなくなりました。

私が所有している戸建て物件の平均表面利回りは23・8％。月の家賃収入は42・6万円、年間の家賃収入は511万円です（この本では表面利回りは「年間賃料÷購入価格×100」、実質利回りは「年間賃料÷（購入価格＋初期費用＋リフォーム費用）×100」で計算しています）。

私の投資法では、一般的に不動産投資で重要視されている積算評価などの物件の資産価値は無視します。ＲＣ物件をフルローンで購入するような投資法を勉強されている方はビックリするかもしれませんね。

私が購入してきた戸建て物件の価格は1戸あたり平均で318万円。都市部のまん中に住んでいる人たちからしてみたら信じられない値段かもしれません。「それは本当に土地の価格も含まれてるの？」と聞かれることもありますが、もちろん建物と土地込みの値段です。

このように少ないキャッシュで始められることも、空き家を中心とした地方戸建て賃貸投資の魅力の1つです。低額で物件を購入し、少ない借金で高利回り、高収益を追求するスタイルなので、**多額の借金を抱えるのはイヤ、重たいリスクを背負うのもイヤ、でも不動産投資がしたい——そんな臆病者の投資家（私もその1人ですが）にピッタリの投資法**です。

不動産投資のなかでも少しマニアックな地方戸建て投資の世界を、これからじっくりとご紹介していきたいと思います。

第1章 戸建て投資はいまがチャンス！ そのワケは？

CONTENTS

第3章 テッパンの戸建て物件はどこにある？

第4章 戸建て投資家が内見前・内見時に必ずチェックすること

第5章 〝買える〟戸建て投資家になる！

第6章 戸建て物件を生かすも殺すもあなた次第

第7章 お金を残せる戸建て投資家になろう

第1章

戸建て投資は
いまがチャンス!
そのワケは?

空き家をめぐって
これから日本で行われること

総務省統計局による２０１３年の住宅・土地統計調査によると、日本の総住宅数は６０６３万戸で５年前（２００８年）に比べ３０５万戸増加。**一方、空き家は８２０万戸で５年前と比べて63万戸増えています。空き家率は13・５％で、過去最高となりました。**

増加した空き家の内訳を見ると、マンションやアパートなどの共同住宅の増加が８・９万戸で増加分に占める割合が14・２％だったのに対し、一戸建ての空き家の増加は49・６万戸で79％と、８割近くを占めています。

つまり、**一戸建ての空き家が急増しているということです。**

この空き家がどんな問題を抱えているのかというと、まず管理されていない空き家は街の景観を悪くします。ゴミの不法投棄のたまり場になったり、放火の標的にもなりやすく火災の危険性が高まるおそれがあります。地震の際に隣家に崩れかかってきたり、崩れた残骸が道路をふさいで緊急車両が通れなくなるなどのリスクも指摘されています。

ニュースでも取り上げられるようになり注目を集めるようになった空き家問題。政府や自治体はこの空き家問題をどうにかするためにさまざまな施策を打ち出そうとしています。

■固定資産税6分の1の見直し

まず挙げられるのが、空き地の固定資産税の見直しです。空き地は建物が建っている場合の6倍の固定資産税がかかるといわれています。たとえば、空き家の所有者が毎年10万円の固定資産税を支払っていたとしましょう。この所有者が100万円くらいの費用をかけて空き家を取り壊し、更地にした場合、6倍の60万円の固定資産税を毎年払い続けなければならなくなってしまうのです。

お金をかけて更地にして、そのうえ高い固定資産税がかかるのであれば、誰も取り壊しなんてしたくありません。

建物を取り壊すことなく、そのまま放置し続ける人が多いのも自然の成り行きでしたが、老朽化で倒壊のおそれがあったり、近隣住民の生活環境を害するような空き家に対しては、2016年度から固定資産税の軽減措置の対象外とすることが検討されています。

■建物の取り壊し費用を補助

建物の取り壊しには、戸建ての場合なら50〜100万円程度の多額の費用がかか

固定資産税

1年ごとに土地・家屋の所有者に課税される地方税。都市部の築浅RC物件のように物件の資産性が高ければ固定資産税は高くなり、地方の築古戸建てのように資産性の低い物件ではかなり安くなる。私が所有している物件の固定資産税は1戸あたり年間2〜3万円程度で、物件のランニングコストはかなり抑えられている。空き地に比べてアパートや一戸建てが建っている住宅用地の固定資産税は安くなる。これが放置空き家増加の原因の1つともいわれている。

ります。それが取り壊しのハードルの1つになっているのですが、たとえば東京都足立区では「老朽家屋等解体工事助成」を実施しています。

足立区では住宅の解体を行う場合、木造なら上限を100万円として解体費用の9割、非木造なら上限を100万円として解体費用の5割が助成されます。

もちろん、どの家屋に対しても助成制度を使えるわけではなくて、いくつかの条件があります。足立区のホームページによると主な条件は次のとおりです。

- 老朽家屋等審議会で、とくに周囲に危険を及ぼしている建物と認定されたもの
- 建物等の所有権すべて（共同所有の場合は全員の同意）を有すること
- 市町村民税等を滞納していないこと
- 所有権以外の権利が登記されていないこと
- 国、地方公共団体等や宅地建物取引業者は対象から除外

条例が施行されて以降、これまでに約50戸の住宅が区の助成を受けて解体されたそうです。

■自治体が空き家を借り受ける取り組み

2014年9月に、少子化対策と組み合わせた空き家対策として、国土交通省は「都市

郊外の一戸建て空き家を地方自治体が借り受けて子育て中の世帯が住みやすいように改修し、貸し出す取り組みを促す方針を固めた」と報じられました。

この案を不動産投資家目線で見ると、**「空き家を買ってとくにリフォームなどにお金をかけずとも地方自治体が借りてくれるかもしれない」**となります。**戸建て投資ではリフォームに多額の費用がかかりますから、実現すれば投資資金の圧縮効果は大きい**です。しかも自治体が借り受けてくれるとなったら、滞納なども心配しなくて済むので安心です。さらにそれが社会貢献にもなるということでいいことずくめです。

この政策に関しては、借り上げの料金がいくらになるのかなど自治体が借り受ける場合の条件が詰められておらず、まだ何ともいえないところがありますが、戸建て投資の今後の可能性の1つとして頭に入れておいてもいいと思います。

■空き家対策特別措置法

2015年2月に空き家対策特別措置法が一部施行され、5月から全面施行を迎えました。

この法律でポイントになるのは空き家に対する市町村の権限が強化されることです。登記簿謄本に載っている住所に所有者がいま住んでいるとは限らないため、空き家があっても所有者を特定できないことが多く、明らかに倒壊の危険があるような建物であっても強制的に排除するようなことはできませんでした。

今回施行された空き家対策特別措置法によって、行政は固定資産税の情報を利用して空き家の所有者を特定することができるようになります。そして倒壊の危険があったり、近隣住民、近隣環境に有害と判断された空き家は「特定空き家」に指定され、そのような空き家に対しては、自治体による立ち入り調査を認め、修繕や撤去を命令できるようになります。場合によっては行政代執行といって強制的に建物を取り壊すことも認められるようになります。

この法律の狙いは危険な空き家の排除だけではありません。

まだ利用可能な空き家の有効活用がもう1つの狙いです。少し古いデータになりますが、2008年の住宅・土地統計調査によると、空き家の戸数は約757万戸、このうち腐朽、破損がなく、活用可能な空き家は約576万戸。**7割以上もの空き家が活用可能**なわけです。そして**空き家オーナーの約70%が空き家を売りにも賃貸にも出していません。**

いままでは所有者の特定が難しく、ただ放置されているだけだった空き家。行政が所有者に働きかけるようになれば、今後は売りに出されたり、賃貸に出される空き家が増えていくことが想像できます。

投資家なら知っておきたい市場を活性化させる動き

空き家問題を受けて、政府は中古住宅を容易に取得できるようにする仕組みづくりに乗り出しています。欧米では新築と中古を合わせた全住宅取引のうち中古の割合が70〜90%程度を占めるのに対し、日本ではその比率が2割以下にとどまっている状態。この現状を打破するために、新築よりも中古のほうが住宅ローン減税が手厚くなる仕組みに変えることや、一部自治体が実施している住宅改修費補助の仕組みを国レベルでも導入することなどが提言されています。

そのなかで国土交通省が、「個人が中古住宅を購入してリフォームをする場合、購入費に加え、改修費も長期固定金利型の住宅ローン『フラット35』で一括して借り入れができるよう検討に入った」と報じられました。

いままでのフラット35では物件の購入費は借入できても、改修費までは出してくれませんでした。**借入でリフォームする場合は別途リフォームローンを組まなければいけなかったのですが、リフォームローンは住宅ローンほど金利が低くなく、融資期間も短い**のです。

中古物件は手直しが必要なものが多数あります、金利の高いリフォームローンが中古物件購入のハードルとなっていた面もありました。国交省が検討する住宅ローンが実現すれば、中古戸建て市場の活性化につながると期待されています。

■再建築不可物件を再建築可能物件に

東京都足立区では区内の無接道家屋の建て替えを促すため、建築基準法の43条但し書きに代わる新基準を設定しています。

建築物の敷地は、建築基準法第43条により、道路に2メートル以上接していなければなりません。ただし、2メートル以上道路に接していない敷地であっても、敷地の状況や建築物の条件によっては建築が許可される場合があります。これを**43条但し書き**といいます。

足立区のホームページによると、区内には建築基準法第43条に適合しないために建て替えのできない無接道家屋が7963棟あり、そのうちの6349棟は43条但し書きに照らしてみても建て替え不可。ですが、43条但し書きに代わる新基準を採用すれば、4847棟の家屋が再建築可能になるそうです。

無接道家屋として再建築不可だった物件の6割以上が再建築可になります。再建築不可物件は、購入しようとしても銀行からの融資が難しいなどの問題があります。

再建築不可物件

建て替えができない物件のこと。建て替えができない理由としては、建物の前面道路が建築基準法の建築基準を満たしていない場合や、市街化調整区域で行政が市街化を抑制している場合などがある。私の所有物件には、物件の敷地内に赤道（あかみち）と呼ばれる国有地が通っていて再建築できないといった少し特殊な事情のものもあった（72ページ参照）。

買いたくても買えない人が多く、再建築不可物件が流通しにくい原因にもなっていましたが、建築許可の条件の緩和が起きれば融資が可能となる案件が増えて、空き家の流通が活発化していく可能性があります。

■リフォーム費用が軽くなるカスタマイズ賃貸

国土交通省が2014年3月に出したガイドラインには、DIY型賃貸の考え方が示されています。

これは、**所有者ではなく入居者が自分で住宅に手を入れることで所有者の費用負担を軽減、入居者は自分好みの住宅に住めるという仕組み**です。「貸したくてもリフォーム費用を手当てできないから……」という所有者も空き家を貸せるようになります。

このように自分で好きなように改修できる賃貸物件をカスタマイズ賃貸といいます。海外では借主が賃貸物件の壁紙を貼り換えたり、ペンキを塗ったりするのは当たり前のようですが、**日本ではカスタマイズ賃貸はほとんど知られていません。**

日本で賃貸ではなく持ち家を持ちたいという人にその理由を聞くと、**「好みの間取りや広さの住宅を手に入れられるから」**という回答が58%ともっとも多く、次いで**「設備を自由に決めたり、リフォームが自由にできるから」**が30・7%となっています(27ページの図を参照)。物件を自分好みにリフォームしたい人は日本でも少なくないのだと想像できます。

ではなぜ日本ではこんなにもカスタマイズ賃貸が浸透していないかというと、**日本の賃貸契約ではほとんどの場合、入居時に原状回復義務の約束をかわしているから**です。この約束を破って勝手に住宅に手を入れることは契約違反になり、あとから原状回復のためのリフォーム費用を請求されることになりかねません。

そこで国交省のガイドラインでは、カスタマイズ賃貸の場合には原状回復費用を要求しないこと、借主が自由に物件をリフォームできることを提案しています。

もちろん、借主がするリフォームの費用を貸主が負担する義務はありません。退去時には借主のリフォームによって設備などの価値が上がっている可能性もありますから、もしそうなってくれたとしたら戸建て投資家にとってのメリットになります。

■変化の波に乗れる投資家は強い

さて、ここまで駆け足で、これから実施されていく政策、検討段階にある政策をざっとご紹介しました。これらの政策が本格的に実施されれば、中古住宅の流通が活発になり、それに伴って多くの空き家が売りに出されることになるでしょう。2008年から2013年にかけて一戸建ての空き家は50万戸近く増加したと書きましたが、これら空き家の少なくない数が市場に放出される可能性もあります。

持ち家を持ちたい理由

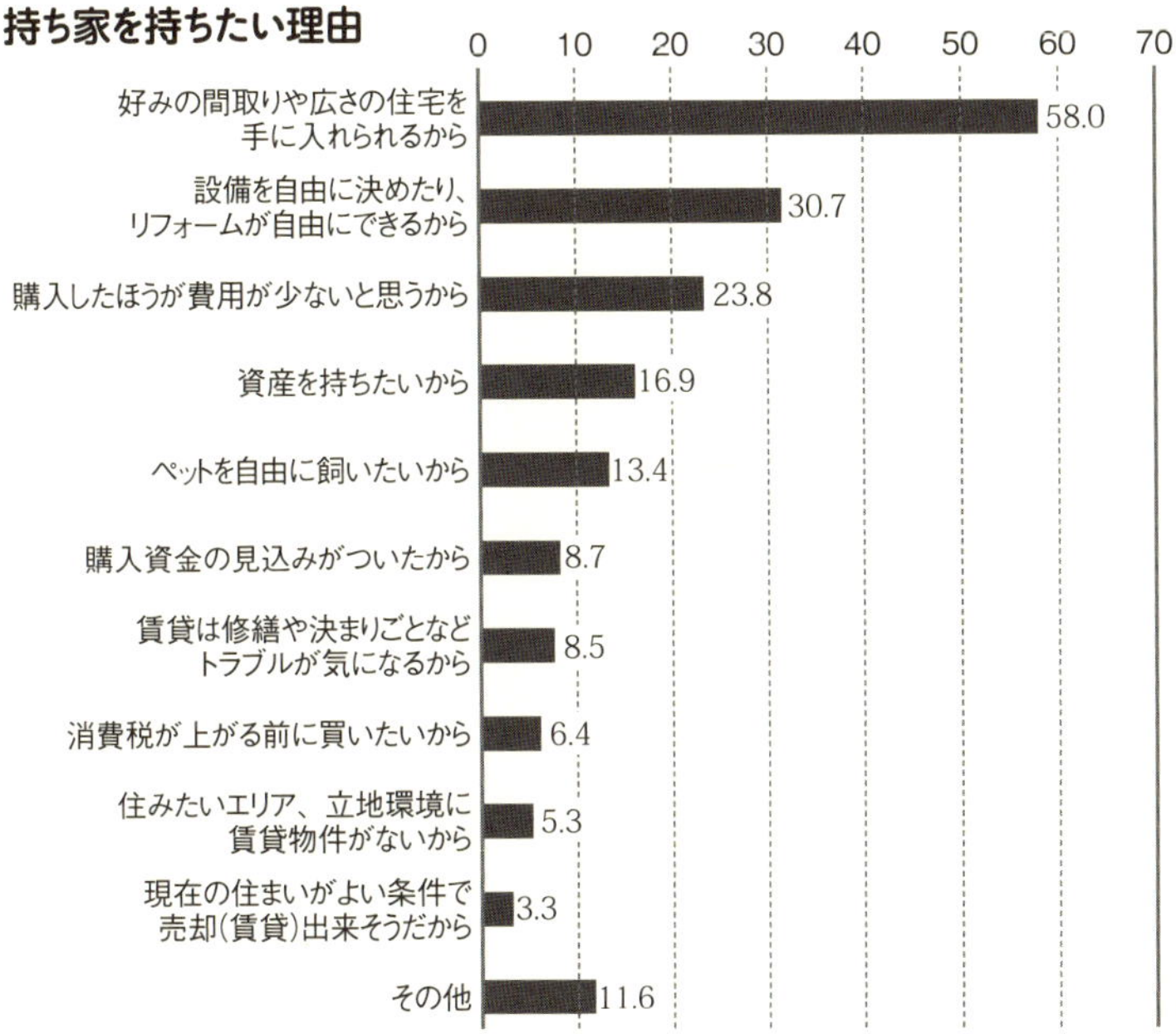

出所：国土交通省（調査機関：(株)価値総合研究所）

現在、中古戸建て市場はまさに変化のときを迎えようとしています。不動産投資家が戸建てを購入するときに政策や制度面での追い風を受けることができれば大きなチャンスになります。

投資は時流を読むことが非常に大切なのはいうまでもありません。「もっとも強いものや賢いものが生き残るのではない。環境の変化に適合できるものが生き残る」。ダーウィンの言葉はあまりにも有名ですよね。この変化の波に乗れるかどうかは投資家次第です。

不動産投資のなかで「地方戸建て」を選んだ理由

私が不動産投資の一歩を踏み出し始めたころ、忘れられない1冊の本に出会いました。企業コンサルタントとして著名な竹田陽一先生が書かれた『小さな会社・儲けのルールランチェスター経営7つの成功戦略』です。

本のなかで語られるランチェスターの法則は、元は第一次大戦中にイギリスのフレデリック・ランチェスターが確立した戦略理論なのですが、現在では企業のマーケティング戦略として広く応用されています。

このランチェスターの法則には2つの戦略があります。強者の戦略と弱者の戦略です。強者の戦略は私のようなサラリーマン不動産投資家には無縁ですからここでは割愛させていただきます。

私が注目したのは弱者の戦略のほう。弱者の戦略を一言でいえば、「弱者は競争が少ないニッチを攻めろ！」というもの。大きなマーケットは資本力がある強者の戦場。そこで弱者が戦いを挑んだところで負けは明白。弱者は強者が狙わないような小さなマーケットでゲリラ戦を挑め、というものでした。

不動産投資に置き換えると、**一般的なサラリーマン投資家は弱者**です。**弱者が狙うべき小さなマーケットとは、私にとっては地方、そして戸建て物件**でした。

都内で行われる不動産投資セミナーに顔を出すと、いまは非常に盛況なところが多いようです。都内には勉強熱心な大家さん（とその予備軍）が数えきれないほどいます。潤沢な資金を抱えている方もたくさんいます。

ですが地方の物件の大家さんはどうでしょう。

地主系の大家さんが多く、不動産投資の勉強にもあまり熱心とはいえません。

以前、私自身が住むために戸建て賃貸物件を探していたときのことです。仲介業者に何戸か賃貸用の戸建てを案内してもらいました。内見して驚いたのですが、ほとんどの物件がまともにクリーニングされていませんでした。庭の雑草は伸び放題でジャングルと化していました。しかもそのような物件に限ってなぜか強気の賃料設定です。何が起こったのか室内でダンゴムシが大量死している物件もありました。壁紙を見るとカビだらけで、仲介業者にそのことを指摘すると、「入居が決まったら壁紙交換するみたいですよ」なんて悠長なことをいっていました。

これが地方の大家さんのレベルです。競争が激しい都内の賃貸物件では考えられないことでしょう。孫子も「善く戦う者は、勝ち易きに勝つ者なり」といっています。**「戦い上**

手な人は、勝ちやすい人に（機会に）勝つ人だ」ということです。

また、参入障壁の観点からも地方は有利です。

まず、資本力のある強者が地方で戸建てをチマチマやっていくのは効率が悪い。そして地方は人口減少が激しく、空き家リスクが高いという先入観があります。実際に空き家は多いのですが、そこにはやる気の乏しい大家さんの物件がかなりの割合を占めていることが多いのです。投資家の方々は地方の高い利回りには非常に興味を持たれているようですが、本当に賃貸が付くのかどうか心配で二の足を踏んでしまうようです。

また都市部に住んでいる投資家さんからすると、地方の物件は遠方の物件ということで内見に行くのも一苦労ですし、基本的に地方の物件は融資が付きづらいので買いにくいということも障壁の1つになります。

これらの理由から、私は**ライバルが少なく、かつライバルが弱い地方エリア**で不動産投資を行っています。

資産価値よりも〝いくらの家賃をいただけるか〟

もう1つ、私が地方物件を選ぶ理由があります。

都市部の物件と地方の物件では、資産価値に大きな違いがあります。当然、都市部の物件のほうが資産価値が高いので物件価格が高くなります。では、**その分高い賃料を設定できるかといえばそうでもありません。**

たとえば同じスペックの戸建てが、私の住む千葉県でも都会のほうの船橋と少し田舎のほうの九十九里にあったとします。資産価値は圧倒的に船橋の物件のほうが高いでしょう。ですが船橋の物件は、それに見合うだけの高い賃料をいただけるかといえばそうでもありません。

九十九里で6万円の賃料をいただける物件と同じスペックの物件があったとして、船橋では7~8万円くらいの賃料になると思います。しかし物件価格は九十九里で400万円とすれば、船橋では700万円くらいはします(あくまで一例の数字です)。

資産価値を測る指標の1つに積算評価があります。

銀行は主にこの積算評価で物件の資産価値を測るのですが、積算の評価が高いからといっても、売却するときにはその値段で売れるとは限りません。積算評価が600万円でも売却価格は500万円にしかならないかもしれませんし、積算評価300万円の物件が400万円で取引成立となるかもしれません。

物件の資産価値が大事になってくるのは銀行からお金を借りるときだけです。資産価値が高いことは融資を引き出すときに有利に働きます。あとは資産価値が高け

積算評価
不動産を評価する指標の1つで、主に銀行が担保評価額を測る目安として用いている。物件を担保に入れて借入をする場合は、銀行では積算評価によって担保価値を判定し、融資額を検討する。積算評価は土地の資産性や建物の築年数などが重視され、物件の収益性は考慮されずに算定される。地方戸建ての場合、築浅物件やかなりの好立地に建つ物件でなければ積算評価は低くなるため、物件を担保に銀行から借入を起こすことは難しくなる。

れば固定資産税も高くなりますし、いいことはありません。

後ほど取り上げますが、公庫から融資を引く場合には、物件に抵当権を付けない無担保での借入ができるので資産価値が低い物件でも融資を引っ張ってくることは可能です。

■深刻な空室率に対抗できるのは戸建て物件

少子高齢化とともに日本では人口減少が進んでいます。それにもかかわらず、賃貸物件は増え続けています。なぜ人口が減少しているのに、アパートをはじめとした賃貸物件を建て続けるのでしょうか?

その原因の1つは相続税にあります。

日本の相続税法は**ただ土地を持っているよりも、その上にアパートやマンションを建てたほうが得する仕組みになっています**。そのため、アパートやマンションから利益を得られにくくなっても、「相続税が減らせるなら」と考えてアパート物件を建設する人がいるわけです。

その結果、2013年の賃貸住宅の空室率は18・9%にものぼります。

これからもアパート物件は供給されて物件数が増えていくけれど、人口減少で住む人は減っていく。価格競争が激化して賃料は減少一途をたどり、不動産賃貸業で

公庫

「日本政策金融公庫」の略。日本政策金融公庫は財務省が所管する100%政府出資の金融機関。中小企業への支援を担っており、固定・低金利で融資をしてくれる。不動産物件購入時には無担保での融資も行われており、その際の融資期間は長くて10年だが、担保価値のある物件を担保に融資を受ける際はもっと長い期間での借入も可能。地方の築古戸建てにも融資してくれるので戸建て投資家には非常にありがたい存在。

賃貸住宅戸数と賃貸住宅の空き室率推移

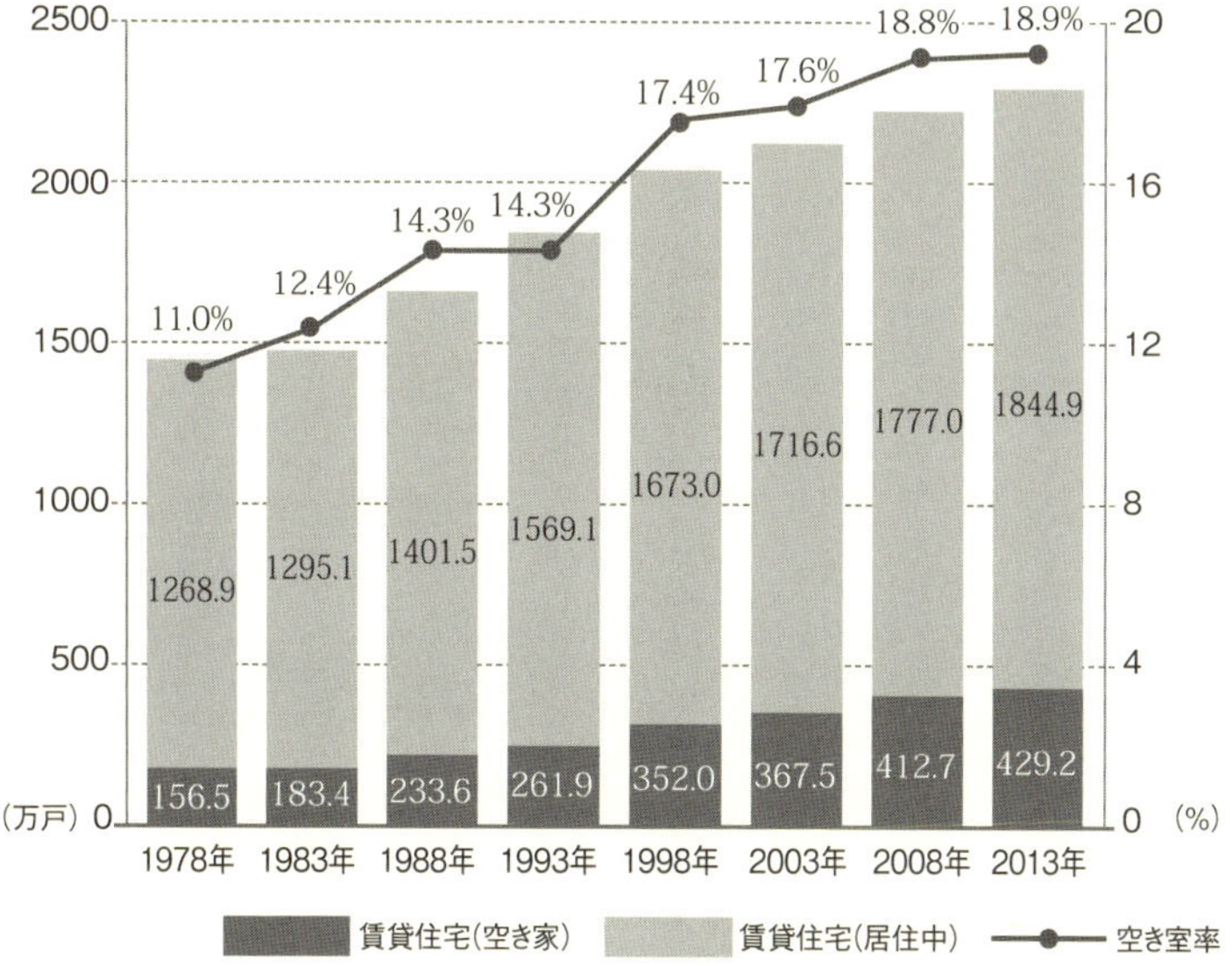

出所：ガベージニュース「賃貸住宅の空き室率推移をグラフ化してみる」
http://www.garbagenews.net/archives/903091.html

利益を出せなくなってしまう。このような状況でサラリーマン不動産投資家がアパート物件を運営していくのは簡単ではありません。

戸建て賃貸の場合は、私の経験からいうと、求められる量に対して供給できている量が十分ではないため、不動産賃貸業受難の時代にあっても賃貸は付きます。

私にいわせれば、**賃貸物件の最後の砦が戸建て賃貸物件**です。戸建ての需要まですっかりなくなってしまう地域があるとすれば、もうその地域には賃貸の需要はないと言い切ってもよいのではないかと考えています。

初心者の方に戸建て賃貸をおすすめする理由

初心者の方がいざ地方に建つ戸建て物件を買うとなったとき、まず不安になるのは「本当に借り手が付くのかどうか」だと思います。

ここで考えないといけないのが需要と供給の関係です。いくら安い物件を買っても客付けできなければ意味がありません。アットホームやスーモなどの不動産ポータルサイトを見てもらえばわかりますが、先ほどお話ししたとおり地方でもアパート物件はたくさんあります。

一方で戸建て物件は少ないのです。

たとえばアットホームで千葉県M市の賃貸物件を検索してみると、ヒットする物件数は731件でした。これに戸建て物件の条件をプラスして絞り込みをかけると34件までに減少します。**20分の1にまで減ってしまう**ということです。しかも、この34件にはテラスハウス物件も含まれているので、独立した戸建ての戸数は34件よりもさらに少なくなります。

この一例からも**戸建て賃貸では「需要 ＞ 供給」**というイメージをつかんでもらえるで

しょう。

実際のところ、**私が所有している戸建て物件の大半が募集から1カ月以内で客付けができています。**それくらい戸建て物件というのは客付けで優位なのです。もっとも、いくら客付けしやすい戸建て物件であっても、まったく賃貸需要がないエリアでは客付けで難儀するのはいうまでもありません。当然のことながら戸建て物件でも事前のリサーチが欠かせません。

やってみてわかった！ 戸建て賃貸のいいところ

私が不動産投資をしているエリアでは、築20年前後の物件を300〜400万円程度で購入することができます。人によってはキャッシュで買い付けられるでしょうし、融資を受けるとしても数百万円程度で、RCマンションやアパートのように数千万、数億単位の負債を背負う必要がありません。

想像してみてください。

数千万、数億の負債を抱えて、そのリスクをコントロールできますか？

不動産投資には空室リスクや滞納リスク、金利変動リスク、自然災害リスクなど

RC
「鉄筋コンクリート造」のこと。RC造の物件は担保価値が高い場合が多く、木造の物件と比較すると融資が引きやすくなる。RC造の特徴の1つは法定耐用年数の長さ。RC造の物件の法定耐用年数は47年で、木造物件の22年と比較するとかなり長い。銀行は融資する際に法定耐用年数を目安に融資期間を設定するため、銀行から長期間の融資を引くことが可能になる。反面、固定資産税が高く、修繕にも多額の費用がかかるので維持管理費が高くつくことを覚悟しなければいけない。

があります。下手に自分の器にそぐわない物件に手を出してしまうといつも胃が痛い思いをして眠れない夜が続くことになってしまうかもしれません。豊富な投資経験を持っていたり、潤沢な自己資金が控えていてリスクコントロールできる方なら別ですが、これから不動産投資を始めるという方には、いきなり大きな負債を背負うことはおすすめできない、というのが私の意見です。

■複数のカゴを用意するのがカンタン

「卵は1つのカゴに盛るな」。株をやっている方には耳にタコの格言ですね。手持ちの卵を1つのカゴに入れていると、万が一落としてしまった場合に全部の卵が割れてしまう。だから複数のカゴに取り分けて、万が一のときにも全部がダメになってしまわないようにする、という意味です。

株でも不動産でもリスクヘッジは投資をやるうえで必ず考えておかなければいけません。株では1つの銘柄に絞るのではなく、できるだけ広いジャンルの株に分散して投資しなさいと入門書には必ず書いてあります。

これは不動産投資にも当てはまることです。

たとえば、即サラリーマン卒業を目指して金融機関から多額の融資を受けてマンション一棟を購入したとします。縁起でもない話ですが、そこで事件や事故が起きてしまった場合どうなるでしょうか? 物件に致命的な瑕疵《かし》が発覚した場合はどうでしょう? 天災に見舞われてしまった場合はどうでしょうか? ある程度保険でカバーできる部分はありますが、そこに大きなリスクがあることに変わりはありません。

戸建て賃貸であれば各地に分散させて複数戸の物件を所有することは難しくありません。万が一のときに被害を最小限に抑えるための分散投資という観点からも戸建て投資はやりやすさがあります。

■経験を積むのにもってこい

戸建て投資はリスクを抑えながら物件を購入していけるので、少ないリスクと反比例するように着実に経験を積み重ねていくことができます。

多くの大家さんが **「最初に買った物件はいまの自分だったら購入しない」** といっているのをよく耳にします。

そのときはよい物件だと思えても、時間がたって経験を積んだ目で見ると、実際はあまりよい物件ではなかったということです。不動産物件購入に限らず、はじめてのときは誰しも失敗する可能性が高いものです。

プロの料理人が一度もつくったことのない料理をいきなりお客さんに出したりはしませんよね。最初からうまくつくることなんてできませんから、何回か試作してからその料理を提供するはずです。

ですが**不動産投資は料理のように練習なんてできません。実際に物件を購入しなければ経験にならない**のです。

低価格・低リスクの物件を1戸ずつ積み重ねていく戸建て投資の手法であれば、経験を積んでいくことによって物件購入で失敗するリスクを減らすことができます。

物件を購入し続けていれば、不動産業者をはじめとして徐々にいろいろなコネクションができていきますから、よりいい物件を安く購入したり、安くリフォームを仕上げたりできるようになっていきます。投資実績が増えてくれば金融機関の評価も上がりますので、有利な条件で融資を引き出すこともできるようになるでしょう。まずは戸建てから始めて、十分な経験を積めたら次のステップとしてアパートなどの一棟物に進むというのも1つのやり方だと思います。

■管理で振り回されない

入居者からのクレームや家賃滞納などは大家業をしている限り避けて通れない問題で、大家さんの悩みの種です。複数の入居者から同時多発的に「アレが壊れた」「アレの調子が悪い」「アノ入居者がうるさい」なんてことになったら、初心者の方はいきなりキャパオーバーにもなりかねません。

そんな悩みは極力少なくしたいな……。

そんな方にも戸建て賃貸はおすすめです。

戸建て物件というのは独立した建物です。アパートやRCマンションのように共同住宅ではないので、隣の音がうるさいなどの隣室とのトラブルがぐっと減ります。

共同住宅では共用スペースである前庭部分などは大家さんの持ち場で、雑草が生えてくれば大家さんが草刈りをしなければいけませんが、戸建て物件では入居者さんが自分たちでやってくれます。

戸建て賃貸の入居者はファミリーが多いです。ファミリーはシングルよりも入居期間が長くなります。**平均入居期間はシングルで4年、ファミリーで6年というデータもある**ようです。頻繁に退去があれば、その都度リフォームしたり客付けしたりといろいろ大変ですし、もちろんその分お金もかかります。

私の経験からいうと、戸建て賃貸には不良入居者が少ないように感じます。**戸建て物件はアパート物件よりも賃料を高めに設定できるので、それが不良入居者を排除する一種のフィルターになっている**のでしょう。

私が投資するエリアでは、アパートだと2DKの物件で賃料3万円台がゴロゴロあるのに対し、戸建て物件ではだいたい5~6万円の賃料をいただけます。「衣食足りて礼節を知る」という言葉がありますよね。生活にゆとりがないと礼儀作法もおろそかになってしまうけれど、ゆとりができてくると、人は自然に節度ある行動ができるようになるという意味。私は不動産投資をするようになってから、この言葉が現実を言い当てていると実感するようになりました。

■裾野が広いから売却しやすい

不動産投資は物件を売却することで1つの投資が完結します。売却は不動産投資の出口に当たるのですが、基本的にアパート、RCマンションのような一棟物を売却する際には不動産投資家にしか売れません。価格が数千万円以上になるケースが多いので、購入できるプレイヤーの数もおのずと絞られます。

一方、戸建て物件の場合はどうでしょうか。

私が所有しているような数百万円台の物件なら、当然購入できる人は多いです。そして、**賃貸が付いている状態では投資家に対して売却できます。賃貸が付いていない場合（空室の場合）、不動産投資家はもちろん、実需と呼ばれるマイホームとして購入する人に対しても売却することができます。**地方戸建て物件は、売却の間口が広いのです。

実需

「実際の需要」の略。不動産投資では、自分が住むために購入するお客さんの需要のことをいう。実需のお客さんは、投資目的では利用できない住宅ローンを使って購入することが可能。住宅ローンは投資用のローンよりも融資が付きやすいため、実需の人のほうが物件を購入しやすい。戸建て賃貸投資は、売却時に空室であれば実需向けにも売却でき、実需の人は物件の利回りを気にすることはまれなので、投資家をターゲットにするよりも高値で売却できる可能性がある。

一棟物や区分物件の投資家に戸建て賃貸をおすすめする理由

私が戸建て物件にこだわる理由、別の言い方をすると**アパートを購入しない理由は物件数が地方であっても多すぎる**からです。試しにネットで賃貸物件を検索してみると、たくさんのアパート物件がヒットし、しかもかなり賃料が低めに設定されているというのはお話ししたとおりです。さらに募集内容を見てみると敷金・礼金ともにゼロゼロなのは当たり前、フリーレントの物件もたくさんあります。

これくらい家賃を下げたり、初期費用を低く設定しなければ客付けできないということです。不動産ポータルサイト・ホームズの「見える！賃貸経営」ではエリアごとに空室率を見ることができます。「地方」の空室率を調べてみてください。20%は当たり前で、なかには40%を超えるところすらあります。

私の経験では、戸建て物件は供給数の少なさが強みとなって地方でも客付けできていますが、アパート物件となるとこの厳しい競争のなかに放り込まれるわけですから、本当にやっていけるのか不安が拭えません。大家さん同士で不毛な値下げ競

フリーレント
数カ月分の家賃を無料にすること。一般的には1カ月分の賃料を無料にすることが多い。入居者の初期費用を抑えることができるので、できるだけ早期に客付けしたい場合に効果的。家賃を下げているわけではないので、物件の利回りが落ちることもない。

争が勃発して、血で血を洗うようなレッドオーシャンの状態にもなりかねません。

賃料が低くなることで物件管理に問題が生じることもあります。先ほども少しお話しした賃料と入居者の質の関係です。

私は不動産投資を志したころ、資金を貯めるために家賃3万2000円のアパートに住んでいたことがあります。そこではゴミ置き場は荒れ放題、夜には若者がアパートの前でたむろしていましたし、隣の入居者にいたっては夜逃げしたのか、ある日こつ然と姿を消しました。

賃料が低いことから生じる問題点はもう1つあります。それは**仲介業者さんのモチベーションが上がらないこと**です。仲介業者は入居付けする際に仲介手数料や広告費が主な収入源になります。仲介手数料は入居者が支払い、広告費は大家が支払います。金額はそれぞれ家賃の1カ月分です（広告費の相場は地域によって異なります）。

賃料3万円のアパートと賃料6万円の戸建て物件があったとします。入居付けにあたって仲介業者が費やす費用、労力はどちらも変わりません。物件をポータルサイトに掲載したり、現地に案内したり、賃貸借契約書を作成したりします。業者は、**まったく同じコスト、労力を費やすのなら賃料の高い物件の客付けを優先的に行うのが道理**です。仮にアパートと戸建てで賃料が同じだとしても、数が少ない戸建て

広告費

入居者を仲介して賃貸借契約を結んでくれた不動産会社に大家が支払うお礼金のこと。広告費の相場は地域によってさまざま。私の場合、賃貸の仲介業者が客付けしてくれたときに賃料の1カ月分の広告費を支払っているが、一般媒介での募集など業者のモチベーションが高くなさそうなときには賃料の2カ月分の広告費を支払うようにしている。

物件のほうが決まりやすく、現地案内に出向く頻度が少なくて済みますから、戸建ては優先されやすいと思います。

私がRC物件に手を出さないワケ

マンションをはじめとするRC物件の利回りは低く、不動産投資熱が過熱気味のいまでは中古でも利回り10%あるかないかが相場だと思います。RC物件の投資額は数千万円から1億円規模になります。RC物件で儲ける仕組みは、積算評価が出る物件を購入し、銀行から低利かつ長い融資期間の融資を受けることによってキャッシュフローを得ることです。

RCは規模が大きいので「家賃年収1000万円」なんていう物件もザラですが、手元に残るキャッシュフローで見た場合、その額はかなり少なくなってしまいます。

億近い負債を抱えているのに、そこから得られるキャッシュフローが戸建て専門でやっている私よりも少ない投資家を知っています。しかもひとたび大規模修繕が生じれば、年間のキャッシュフローは軽く吹き飛んでしまうそうです。

RC物件のキャッシュフローが少ない理由は2つあると思います。

ランニングコスト

収益を生むために必要な運転資金のこと。不動産投資でのランニングコストには修繕費や固定資産税、管理会社に支払う管理費、仲介業者に支払う広告費などがある。RC物件ではランニングコストが高額になり収益を圧迫してしまうことがある。地方の築古戸建て賃貸の場合は固定資産税が安く、入居期間も長くなるためランニングコストは抑えられる。私の場合、月のランニングコストは修繕費が発生しない場合で家賃の10%程度。

1つ目は利回りが低いから。2つ目はランニングコストがかかるからです。

RC物件は積算評価が出る分、固定資産税が高いです。戸建て専門の私からしてみると、それこそめちゃくちゃ高い。修繕費もかさみます。規模の大きなRCだと外壁塗装や屋上防水などに数千万単位の費用がかかることもあるようです。エレベーターがあると、その維持管理にもかなりのお金がかかります。当然購入前にはインスペクションを入れて、ある程度大規模な修繕は織り込まれているのだと思いますが、予期せぬ出費が生じたとき、その一度の費用がかさむので下手をするとキャッシュアウトしてしまう可能性もあります。

一方で戸建て物件なら修繕費なんてたかが知れています。一番お金がかかるのが外壁塗装ですが、それも50〜80万円程度で済んでしまいます。これくらいの出費ならサラリーマンの給与から補てんできる範囲ですし、万一お金が足りなかったとしても一時的に短期のローンを組んだりすれば何とでもなります。少なくとも破産するようなことはないでしょう。要は**自分がコントロールできる範囲内にあるかどうか**ということなんです。もし私がRCをすすめられたら、手元に潤沢な資金がなかったらやりたくありません。潤沢な手元資金がなければとてもRC物件をコントロールできる自信がないからです。

インスペクション

建築士が物件の調査を行い、その状態について診断すること。RCマンションなど高額物件を購入する前には建築士のインスペクションを入れるケースが多いようだが、地方の築古戸建て購入前にインスペクションを依頼する人は少数派のはず。低価格の築古戸建てではインスペクション費用が相対的に高くついてしまう。

■区分マンションは管理費・修繕積立金で削られる

私が不動産投資を始めるときに一番はじめに探したのは都内の1R（ワンルーム）区分マンションでした。表面利回り15%くらいの物件がいくつかあって価格も手ごろ、都内で駅近の物件であれば入居付けにも苦労しなさそうです。

ですが、**管理費・修繕積立金**が問題でした。

たとえば物件価格450万円で賃料が6万円だとします。この時点で表面利回りは16%ですが、管理費・修繕積立金が2万円かかれば実際に手に入るのは月4万円で、利回りは10%強にまで落ちてしまいます。これではあまりウマミがないです。

地方ではオーナーチェンジの戸建てで利回り15%なんて物件がザラにあります。

それでも都内の1R区分マンションの絶対的な利点が1つあります。それは売りやすいこと。価格が低いうえに、都内では買い手がたくさんいますから流動性の面ではピカイチだと思います。

では地方の区分所有はどうでしょうか? それこそ安い物件はいくらでもありますが、都内の物件と同じ理由でキャッシュフローが出にくいです。加えて客付けで苦労しますし、売却しようとしてもなかなか思うようにはいかないはずです。

管理費・修繕積立金

区分所有物件を購入した場合に発生する費用。マンションの共用部分や共用施設を維持管理するためのもの。管理費・修繕積立金の額はマンションによってさまざま。毎月マンションの管理組合に支払うことになるが、これが区分所有物件の利回りを低下させる要因となる。

空き家大家さんに戸建て賃貸をおすすめする理由

ここでは少し視点を変えてみます。空き家の戸建て物件をお持ちだけれど、いまはとくに活用していないという方もいらっしゃるでしょう。そんな大家さんに向けてお話をしてみたいと思います。

21ページで、空き家対策特別措置法が２０１５年5月に施行されたと書きました。今後は空き家に対する行政の指導がより厳しいものになります。放置されたままの空き家は、固定資産税の減免を受けることができなくなる可能性があり、そのままの状態を続けていけば、増額された固定資産税によってどんどんお金が流出していくことになってしまいます。なおも放置し続ければ行政代執行によって強制的に物件を取り壊される可能性もあります。**「勝手に壊してくれるならそれでいい」とのんびり構えていてはいけません。**かかった費用は持ち主に請求されます。空き家対策特別措置法には行政が強制的に空き家を排除する仕組みが盛り込まれていますから、いまお持ちの空き家をそのまま放っておくと大変なことになりかねないのです。

「そんなことといっても活用のしかたがわからない」。そういう意見もあるでしょう。

ですが、私にいわせれば**戸建て賃貸は決して難しいものではありません。**いま空き家をお持ちの大家さんには、ぜひそれを活用していただくことをおすすめしたいと思います。

国土交通省の統計によると、空き家を持つ大家さんが空き家を賃貸に出さない理由は、「リフォームするための資金がない」「賃貸の管理が大変そう」などが上位に来ています。

これに対する私の意見は次のようになります。

■リフォーム資金がなくてもどうにかできる

リフォームする資金がなければ日本政策金融公庫から融資を引くことが可能です。すでに物件をお持ちなのですから、**「これから空き家を活用して不動産賃貸業を始めたい」と申し出ればお金を借りることは難しくない**はずです。

そして、空き家を賃貸に出す場合にリフォーム費用の3分の1を国が補助してくれる「住宅セーフティネット整備推進事業」という仕組みもあります。これには障害者や高齢者などの要配慮者に優先的に入居してもらうなどの適用条件がありますが、100万円を限度額として補助金が出ます（2015年7月より別名称の類似の補助金制度が始まることが決まっています）。それでも「リフォームなんて面倒だからやっぱりいいや」という方は、そのままの状態でDIY型賃貸として貸し出すことも可能です。DIY型賃貸の場合は入居者が自分で手を入れて住んでくれるので、まったく手間がかかりません。もしくは地方自治体が空き家を借り受ける仕組みが整っている地域にお住まいの場合には、自治体に借り上げてもらうのも1つの手です。自治体がリフォームを施して子育て世帯などに貸し出してくれます。

■戸建て賃貸の管理はラク

戸建て賃貸の物件管理は決して面倒なものではありません。

物件数が少ない戸建ては、アパートと比較して客付けのハードルが下がるということをお話ししました。

貸し出したとしても家賃をちゃんと払ってもらえるのか、滞納トラブルを心配する方もいらっしゃると思いますが、不動産賃貸業には家賃保証会社という仕組みがあり、滞納対策はもちろん、家賃保証会社によっては不良入居者に対する訴訟や強制執行の費用まで面倒をみてくれます。

物件の管理は不動産管理会社が引き受けてくれますので、**日々のこまごまとした問題はとどこおりなく処理されます**。管理手数料は家賃の5％程度です。

そもそも戸建ては入居してもらえる期間が長いですし、大がかりなものでなければ物件のメンテナンスを入居者が自らやってくれることも少なくないので、大家はかなりラクをできるというのが実際のところです。

戸建て投資家にインタビュー

わずかな自己資金、低属性にもかかわらず高利回り戸建てをゲットした不動産初心者のNさん

不動産初心者のNさんは2013年に1戸目の戸建て物件を購入しました。自己資金が少なく、あまり属性もよくないNさんが買い付けたのは価格200万円の地方ボロ空き家です。それでも賃貸募集後1週間で入居が決まり、なんとその表面利回りは35％！ 実質利回りでも20％あります。そんなNさんに、はじめての不動産投資について赤裸々に語っていただきました。

Nさんはどのようなお仕事をされているのですか？

石油関連の製造業に就職して今年で11年目です。いま勤めている会社には定時という概念がいちおうはあるのですが、まず定時には終わりませんし、夜勤や休日出勤もあるので、かなりワークライフバランスが保ちづらい環境です。零細企業で部署には私しかおらず、急な仕事があればイヤでも出勤しなくてはいけません。10年ほどこの状況に身を置いていますが、年収は入社当初からあまり変わることがありません。いまある環境を変えていきたいと株式投資をやっていましたが、あまりうまくいきませんでした。

かなり厳しい労働環境のようですね。

そのような環境であれば、副収入をつくっていつでも会社をやめられる状況にしておきたいと思うのは自然かもしれません。

なぜ不動産投資をやろうと思ったのですか？

給与収入のほかにも収入がほしくて株式投資を1年やりましたが、結果は元本割れ。不動産投資は株式投資と違って定期的な収入源をつくれて、自分で物件をプロデュースできるところが面白そうでひかれました。

私も以前FXに手を出して痛い目にあいました。株やFXのデイトレードをシロウトがやるのはギャンブルだと思います。

不動産投資のなかで戸建て投資を選んだ理由は何ですか？

私の場合は、投資資金が貯金の100万円弱と極端に少なく、株式を売却しても中古戸建てのいわゆる地方ボロ物件しか手が出せませんでした。けれど、いまではそのボロ物件が賃貸中で、とんでもない利回りを生んでくれています。結果オーライです（笑）。

地方戸建て投資は少額からスタートできるのが魅力の1つですよね。利回りは何%くらいで回っているのでしょうか？

実質利回りで20%弱です。自分でもビックリです。

表面ではなく、実質の利回りで20%弱とはかなりの高利回りですね。地方戸建て投資の魅力を存分に享受されていると思います。

はじめて物件を購入するときはどのよう

な不安がありましたか？

それこそ不安だらけでした。買付を入れたはいいけど現金が１００万弱しかなかったので、契約までに融資が引けるだろうかとか、ちゃんと入居は付くのかどうかとか、夜寝つけなくなることもありました。でも終わってみたら心配していたほど大変ではなかったです。やれば何とかなるものです。

不動産投資をやると口にしたときの周囲の反応はどうだったでしょうか？

親、友人ともに完全否定でした（笑）。両親の知人に都市銀行の銀行マンがいるのですが、両親がその銀行マンに私の不動産投資の話をしたところ、「絶対にうまくいきませんよ。私の銀行でしたらまず融資はできませんね。やめるように説得したほうがいいですよ」と一蹴されたそうで、両親からも大反対されました。友人にも、資産価値が低い地方の戸建てじゃあ出口戦略が見えないといわれました。両親と友人には反対されましたが、乗りかけた船なので私の気持ちは変わりませんでしたけどね。

地方の戸建て投資は世間的な常識からすると、かなりリスキーなイメージがあるんでしょうね。人口減少が叫ばれている地方でボロ戸建てを購入するなんていったら、都市部に住む人は「アイツは大丈夫か？」ということになってしまうのでしょう。でも実際は賃貸の需要があるし、ローンを引いても少額で済むのでリスクは少ないと思います。出口戦略も、実需、投資家両方に売却可能なので、私はかなり堅い投資だと思っています。

実際やってみてNさんはどのように思いましたか？

物件を探して、購入して、リフォームして、管理会社に管理委託して、年度末には確定申告もして……。正直なところ、やる前はもっと簡単なんだろうと思っていました。こういうふうに自分で仕事をこなしていくわけですから、いまは不動産投資は事業なんだととらえています。

株やFXと同じノリで始めるとまったく別モノだったということになりますよね。不動産投資は間違いなく事業です。けれど一度システムを構築してしまえばアウトソーシングできる業務が多いので半分不労所得といった感じではないでしょうか。

ボロ戸建てをリフォームしてみてどうでしたか？

築37年のボロ物件でしたから、購入直後は衝撃的な汚家《オウチ》でした（笑）。ですが、リフォームすると見違えるほどキレイな内装に仕上がって、賃貸もすぐに決まりました。ボロを買った人は不安が大きいと思いますが、仕上がったときの感動はその分大きくなります。さらに賃貸が決まってくればなお快感です。

リフォームも不動産投資の醍醐味の1つです。汚家をリフォームしてよみがえらせる楽しみはやってみないとわかりません。

物件を所有してから不安に思ったことはありますか？

職場の副業規定に引っかかるんじゃないかという心配があります。

副業規定の内容は会社によってさまざまですからね。不動産投資を副業とみなす会社もあるかもしれません。不動産所得が赤字の場合は損益通算で課税所得が減りますが、それでも会社にバレることはほとんどないみたいですよ。不動産所得が黒字の場合も、確定申告のときに住民税の徴収方法の欄で「自分で納付」にチェックを入れれば会社に知られることはありません。

もし不動産投資をやっていることが職場に知られたらどのような状況が想定できますか？

もし職場にバレてしまってもまずクビにはならないと思いますが、ヘンな噂が立って平日休みをとりにくくなるでしょうね。副収入があると聞いてよく思う上司はいないでしょうから。あとは、相続したとかテキトーなことをいって逃れようと思っています。

本来は副収入があったって、仕事に支障をきたさなければ何の問題もないはずなんですけどね。

ところで、Nさんは株式投資もやっているということで、株式投資と不動産投資の違いについて教えてください。

株式投資はハイリスク・ハイリターンのイメージがありますが、実際そのとおりだと思います。誰でも簡単に始めることができますが、先見の明がないと難しいです。経済状況、為替、世界情勢など勉強することが山ほどありますし、チャートの流れに乗れないとあっさり資産を失ってしまいます。一方で不動産投資は物件購入前後は自分で動くことがたくさんあるので面倒なことも多いですが、一度賃貸の客付けをしてしまえば管理は管理会社がやってくれるので、ほとんどすることもなく毎月家賃が入金されてきます。それに物件は不動産として残りますから株式投資のように大きく資産を失うことはありません。

今回は融資を引いて購入したとうかがいました。融資はどこから引いたのですか？

普通の銀行は地方の戸建て物件には融資してくれないと聞いていたので、日本政策金融公庫に依頼しました。

はじめての融資ってドキドキものですよね。融資で苦労した点はありますか？

一番苦労したのは平日に先方と面談することでした。会社を休めないので……。今回の融資は公庫の新創業融資制度を利用しました。最初はこの制度の募集条件に当てはまらないと思っていたのですが、結果的に新創業融資制度で融資が引けました。融資担当者次第という気がします。

たしかに融資は担当者によって意見や対応が割れることが多いですね。金利や融資期間などの条件はどうでしたか？

融資条件は、特別貸付で金利2・7％、融資期間10年、無担保・無保証人でした。

以前、私が無保証人の条件で融資をお願いしたときは金利が4％でした。自己資金はいくら必要といわれましたか？

融資担当者に聞いたら自己資金は融資金額の1割以上必要とおっしゃっていました。

そうですか。私が聞いたときは2割の

自己資金が必要といわれました。そのあたりも融資を申し込む時期や担当者によってさまざまなようですね。

　さて、Nさんはまだ所有物件が1戸ということですが、今後の投資プランはどのようにお考えですか？

いまの段階では貯金も潤沢ではないので、戸建てを1年で1～2戸くらいのペースで増やしていければいいなと思っています。

コツコツ地道に経験を積んでいかれるのが一番だと思います。初心者がいきなりガッポリなんて話はありません。急がば回れです。

戸建て投資家にインタビュー

7戸の戸建てを所有、平均利回り26%で満室運営中の日曜大家さん

不動産投資家・日曜大家さんは現在7戸の戸建てを所有されています。物件の平均利回りは26%に及び、満室で賃貸中とのこと。日曜大家さんは不動産投資ポータルサイトの楽待でコラムニストとしてもご活躍中です。戸建て賃貸に関して豊富な経験をお持ちの日曜大家さんにじっくりお話をうかがいました。

まずは日曜大家さんのご経歴から教えてください。

大学を卒業後に会社勤めを始めた普通のサラリーマンでした。不動産についてはまったくのシロウト。経験も知識もありませんでした。ただ祖父が大工で、小さいころから木材や大工道具に触れる機会はあったので、大人になって必要があれば自宅で日曜大工くらいはやっていました。

とはいえ、ほとんど不動産とは縁のないお仕事をされていたということですね。なぜ不動産投資を始めようと思ったのですか？

仕事で海外出張があり、そこで海外の文化や生活を肌で感じる機会に恵まれました。海外の住宅事情についても知る機会が

あり、日本と海外の建物評価の違いに疑問を感じました。海外では古くても新築と同等以上で評価されている建物があります。築古物件もリフォームすることで再生し、長く住むことができるのです。

一方日本では、築年数が22年以上経過した耐用年数オーバーの木造物件はかなり評価が低いですよね。日本の場合、新築物件と中古物件では価格に相当な開きがあります。そこで、築古物件をリフォームして再生すれば海外の物件のように長期間住み続けられるのでは、と考えました。築古物件をリフォームし入居者さんに快適な住環境を提供したいという思いが出発点になっています。

日本では「家を買う」＝「家を建てる」のイメージが強いですからね。欧米では新築と中古を合わせた全住宅取引のうち中古は7～9割程度を占めるのに対し、日本では10％台半ばという数字を見たことがあります。住宅に関してはスクラップ&ビルドの考えが根づいているようです。

私はいま、平日はサラリーマンをするかたわら日曜日を中心にセルフリフォームや物件調査を地道にやっています。以前は週末に友人や家族とテニスをするのが趣味でしたが、いまはリフォームと物件調査が趣味になってしまいました（笑）。

完全に不動産投資にハマっていらっしゃるようですね。不動産投資をするうえで大事にしていることはありますか？

出発点としてお話ししたように、住む方が長く住みたいと思える物件の提供をモットーにやっています。

物件はいくつお持ちですか？

千葉にある自宅から車で1時間以内のところに戸建てを7戸所有しており、おかげさまですべて満室です。8戸目の物件も購入予定です。

満室とはすばらしいですね。客付け力のある戸建て賃貸の強みを生かされているのだと思います。どれくらいの利回りで運営されていますか？

7戸の平均利回りは26%です。

かなり高いですね。そのような高利回りをどのようにして実現しているのでしょうか？

基本的には一般仲介物件のなかから築古物件を格安で購入しています。残置物がたくさんあったり、空き家のまま放置されているなど売れ残っている物件を指値で購入しています。任意売却物件を購入したこともあります。

ネットで長期間売りに出されている売れ残り物件は売主さんも弱気になっていることが多いので、大幅な指値が効きやすいですよね。

戸建て賃貸の魅力は何だと思いますか？

一棟物と違い少額でスタートできるのでリスクを抑えられることです。マンションの区分所有も少額ですが、区分は管理規定などがあり、設備や部材を自由に選定できないことが多いのであまり好きではありません。戸建ての場合は大家の裁量で自由にリフォームして、資産価値を上げて賃貸に出すことができます。それも大きな魅力です。

戸建て賃貸を選んだ理由についてもう少し聞かせてもらえますか？

私が戸建てを選んだ理由は4つあります。1つ目は現金や少額の融資で購入することで、返済の心配をせずにリスクを最小限に抑えて不動産投資ができること。格安の戸建てに投資することで、リスクに振り回されずに賃貸業の経験と実績を積むことができます。

2つ目は、戸建て賃貸は区分やアパートなど集合住宅と比較して生活騒音やゴミ問題などのトラブルが少なく、持ち家感覚が得られることから長期間住んでもらえる可能性が高いこと。管理に手間やお金がかかりにくいのも戸建てのメリットだと思います。

3つ目は、戸建ては一般的に木造在来工法なので欠陥住宅を見分けやすいこと。もし欠陥住宅をつかんでしまったとしても修繕費用は比較的安く済むので、その意味では心配いりません。

4つ目として、戸建て物件は出口戦略でもメリットがあると考えました。アパートなどの投資用物件であれば投資家にしか売却できませんが、戸建てであれば投資家に売却できるのはもちろん、実需の方や場合によっては借主にも売却できるケースがあります。

戸建て賃貸をやっていての失敗談は何かありますか？

ある戸建て物件で退去があり、退去後の室内を確認したところ、ペット不可の物件でしたが室内で動物臭がありました。よく調べてみると1階と2階の柱や壁のかどの低い部分に動物によるものと見られる損傷を多数発見しました。また、借主との契約では1家族4名の入居のはずでしたが、少なくとも3家族は住んでいたことが判明したのです。

なぜそのことがわかったのですか?

近所の方が私に教えてくれたからです。ご近所の方と親しくさせてもらっていたおかげで貴重な情報を聞くことができました。

隣人のお話は物件購入時にも非常に重要な情報源になります。アヤしまれてあまり話してくれないんじゃないかと思いがちですが、けっこう話好きな人は多いですよね。

戸建て賃貸の弱点は何だと思いますか?

いくつかありますが、まずはリフォームのコストがかかることだと思います。しかしセルフリフォームを駆使することによって費用を低減させることができますし、長期入居してもらえる場合が多いので、リフォーム費用が多めにかかっても十分回収できます。

戸建てのリフォームにお金がかかるのは事実です。私もプロパンガス屋さんに依頼したり、セルフリフォームをすることで出費を抑えています。

あとは、戸建てはアパートなど一棟物と違い空室になると収入がなくなってしまうこと。収入はゼロかイチかです。もっともこれも、他物件との差別化を図ったり付加価値を施すなど入居が決まる工夫を行えば十分克服できる問題だと思います。所有する物件数が増えてくればほかの物件からの収益もあるので、リスクはかなり減っていきます。戸建てを1つずつ買っていくのは投資スピードが遅いとよくいわれますが、私は逆にリスクから自由で堅実に物件を増やしていけるのでよいと思っています。

ＲＣやアパートなどの一棟物についてはどうお考えですか？

ＲＣ一棟買いの不動産投資も1つのスタイルですが、私は当面行わない予定です。

私も利回りの低さとランニングコストの重さから、いまのところＲＣには食指が動きません。あとはやはり多額の借金を背負うのがイヤですね。ＲＣ物件は高額ですから。日曜大家さんが当面はＲＣ物件をやらない理由というのは何でしょうか？

サーファー薬剤師さんがおっしゃったのと同じ理由です。低い利回りでランニングコストがかかるのに高額の融資を受けるというのは、現時点では私には不向きだと考えています。リタイアを考えるのであれば、どうしてもＲＣ一棟買いのほうが投資スピードもあり有利だと思いますが、私はサラリーマンを続けながら日曜など限られた時間を活用して不動産投資を行いたいと考えています。少しだけゆとりのある生活が確保できれば十分なので、戸建て不動産投資が自分には最適だと判断しています。
とはいいつつ、アパートであれば、築古アパートの付加価値を上げて再生してみたいなという思いはあります。

アパート物件が供給過剰のエリアは多

いですが、もしアパートを購入するとしたら条件はどうでしょうか？

戸建て不動産投資と同じような条件で考えています。自宅から1時間以内の物件で、駅近でなければ駐車場が戸数以上ある物件を狙います。築古で土地値に近い物件であれば購入を検討してみたいですが、戸建て投資が基本なので、条件がそろっていなければアパートには手を出しません。

物件はどのように探していますか？

毎日ネットで物件をチェックしています。あと楽待さんや健美家さんのメール通知サービスも活用しています。なじみの業者さんとは電話やメールはもちろん、ときには訪問して定期的に連絡をとっています。おかげさまで、最近は優先的に物件を紹介してもらえるようになってきていると感じています。そのほか、出かけたときに時間があれば飛び込みで不動産業者を訪問したりもします。

最近はネットにお値打ち物件が出たらすぐに売れてしまいますからね。業者とのパイプをつくって、ネットに出る前に物件を押さえる必要があると思います。

次に、リフォームのときに心がけていることを教えてください。

技量の高さが求められる工事や専門知識が必要な工事はリフォーム会社にお願いして、セルフリフォームは自分でできる作業で費用対効果の高いものに絞って行うことです。

やはり費用対効果で絞るのがポイントですね。セルフリフォームのやりすぎも問題ですから。自分の時給を考える必要があります。

戸建てを買うときの条件について詳しく教えてください。

自宅から1時間以内の物件にこだわっています。購入した物件はできる限り自分でリフォームしたいのですが、遠方だとそれが難しくなってしまいます。リフォーム業者さんにお願いする作業も、近ければ定期的に状況を確認できるので便利です。何か問題が発生した場合も、すぐに現地に駆けつけることができますしね。

家の近くであれば物件調査にも都合がいいです。情報を入手した当日に物件調査するなんてこともありますし、土地勘があるので家賃相場も把握しやすいです。車で1時間程度の範囲であれば、おおむねその地域のイメージがわきます。

もう1つの条件は駐車場があること。地方の交通手段は圧倒的に車が中心ですから、2台以上停められる物件であればほかの条件が多少悪くても検討します。最低でも1台は必要です。基本的に駐車場がない物件は購入しません。

融資は使っていますか？

日本政策金融公庫から融資を受けています。今後はほかの金融機関ともつき合っていきたいですね。

私も公庫オンリーです。いまのところは無担保ローンの限度額2000万円に達していないので問題ないのですが、今後はほかの金融機関を開拓する必要が出てきそうです。日曜大家さんも無担保で借りているのですか？

すべて無担保で借りています。今後はほかの金融機関とおつき合いをしていくことと、無担保の物件を担保に入れて融資を受けることを検討したいと考えています。

いわゆる空き家問題に関してはどのようにお考えですか？

空き家率が10％を超えて過去最高を更新し、今後も増加すると予想されているので、とても深刻な状況です。個人的には放置されている空き家を購入し、セルフリフォームを駆使して、できるだけ安く再生してみたいです。安価な家賃で借主さんに快適な住環境を提供できたらいいですね。

空き家の大家さんのうち7割の人が賃貸にも売りにも出さないで放置している状態のようです。戸建て大家にしてみたら非常にもったいない話です。固定資産税は毎年払い続けているわけですから。「オレならリフォームしてカッチリ仕上げて賃貸に出すのに！」って思ってしまいます。

不動産投資の今後の目標を教えてください。

サラリーマンを続けながら戸建てを少しずつ買い進めていきたいと考えています。よい物件があれば築古アパートも検討していきたいですね。あとは信頼できる仲間をもっとたくさん増やしていきたい。

初心者の方へのアドバイスをお願いします。

自分に合った投資スタイルを早く見つけることだと思います。スタートしない限り経験や家賃収入は得られません。物件の購入が遅くなれば、生涯家賃収入も下がります。自分の性格や属性、投資に回せる資金、融資のことなどを考慮しながら自分自身に合った投資スタイルを見つけてください。必ず、あなたに合うスタイルがあります。

あとは信頼できる仲間をつくることですね。不動産投資は周囲の人になかなか理解されないことが多く、私はスタートした当時、自分一人だけで悩みながら進めていました。何もわからず始めたので、これが本当に正しいのか半信半疑でした。相談できる人もいなくて、いつも手探り状態。吹っかけられた物件やアヤしい物件を買わされそうになったこともあります。いまではいろいろな経験を経たおかげで、信頼できる仲間をたくさん見つけることができました。信頼できる仲間は、自分から積極的に不動産の関係各社を訪問したり、会合に参加したりして築いていくものだと思います。自分から行動して信頼できる仲間をつくってください、きっとすばらしい仲間がすぐそこにいるはずです。不動産投資1年生の方にはそうお伝えしたいです。

日曜大家さんのコラムが読める
不動産投資ポータルサイト「楽待」のページ

http://www.rakumachi.jp/news/archives/author/sundayo8

第2章

戸建て物件購入記&物件の強みと弱み

1戸目

230万円の平屋はスーパー高利回り物件

この章では、これまでに私が購入してきた7つの戸建て物件をご紹介していきます。これから不動産投資のことを勉強していく方にとっては、「これはどういうことだろう？」「何だか難しいな」とスンナリ腹落ちしない個所もあると思います。そういう少し専門的なところは第3章以降でじっくり説明していきますので、まずは一度読み流してみてください。本の最後まで読んでから、もう一度この章に戻っていただくと、「こういうことだったのか！」と、うなずいていただけると思います。

それでは始めましょう。

＊＊＊＊

私にとっての1戸目の物件は、不動産業者をやっている友人から紹介してもらいました。実はそれまでも共同出資による転売など不動産に関わったことはあったのですが、賃貸用の物件を所有するのはこれがはじめてでした。

1戸目　バッグンの利回りの平屋物件

Spec

1987年築　3LDK　木造平屋
土地308.8㎡　建物74.72㎡
販売価格230万円　購入価格230万円
賃料5万8000円　表面利回り30%
2012年1月に購入

ストロングポイント

- 駐車場が広く庭も広い。
- 外壁の修繕が必要ない状態で修繕費用を抑えられる。
- スーパーまで車で5分程度と利便性が良好。

ウイークポイント

- 隣の竹藪がうっそうとしていて日当たりが悪い。
- 物件にアクセスする道が若干狭い。
- 市街化調整区域に立地している。

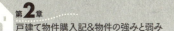

長い間空き家状態でしたが、内見すると室内は思いのほかしっかりしています。破風板《はふいた》の塗装はハゲていましたが、外壁塗装の必要はなさそうです。駐車場スペースが十分すぎるほどあって、3台は停められそうです。

内見後、すぐに地場の不動産管理会社にいくらで貸せそうかヒアリングしました。業者さんは賃料6万5000円はいけるんじゃないかといいます。物件価格が230万円ですから、賃料6万5000円だったら表面利回り33%です。即、現金で購入を決断しました。

この物件の問題点はお隣の竹藪がうっそうとしていて、日当たりがよくないことです。隣地にお住まいの方と交渉して竹藪を刈らせてもらうことになったのですが、途中で「もう、これ以上はストップ!」とお達しが入って中断。結局日当たりは改善されないままで、草刈りに費やした23万円もの費用を無駄にしてしまいました。

室内がしっかりしていた分、内装リフォームは一部のクロスの貼り換えや畳の表替えだけで済み、かかったコストは30万円ほど。竹藪の出費さえなければ、かなり安く仕上がっていました。あとはプロパンガス屋さんにお願いし、給湯器の交換とエアコン設置を無償で行ってもらいました。プロパンガス屋さんとの契約期間は10年です。

リフォームが仕上がり、管理会社と相談して結局5万8000円で賃貸の募集を出すことにしました。敷金・礼金ともにゼロでペット可の条件にしたところ、募集後1カ月で入居が決まりました。

2戸目
アカミチが横切っている200万円の物件

この物件はネットで物件検索していて、大手不動産ポータルサイトに載っているところを見つけました。波がよいサーフポイントがいくつも存在する、千葉県のサーファーに人気のエリアに立地しています。実際、この物件の隣の住宅も貸家だったのですが、そこにはゴリゴリのサーファーが住んでいました。

私はそのころネットで物件検索することを毎日の日課にしており、ネットに情報が出て間もないうちに仲介業者に問い合わせをしました。あとから聞いた話では、サーファーからも問い合わせが来て私と競う格好になったらしいのですが、私のほうがタッチの差で早かったそうです。

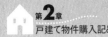

内見の予約を取りつけ、現地に向かいます。

室内はペットを飼っていたのか、かなり荒れています。ドア枠などは、おそらくワンちゃんがガリガリやったと思しき跡がありました。壁紙も湿気ではがれてしまっています。外壁塗装がかなり劣化しており、雨漏りがあることをうかがわせます。一部シロアリに食われている痕跡もありました。

売主さんはだいぶ前に引き払っていて、長い期間空き家だったようです。それでも、お風呂は不思議なほどキレイな状態を保っています。バスタブも大きくて、ここを見ると200万円の物件とは思えません。

この物件の一番の問題点は、物件の敷地内を赤道が通っていたことです。それが安さの最大の理由でもありました。「赤道」とは地球のまん中を通っているアレのことではありません。ここでは「アカミチ」と読みます。

赤道は一言でいえば、道路法上で道路となれなかった土地が現在も残っているものです。不動産流通研究所が運営するウェブサイト「不動産用語集R.E.Words」では次のように説明しています。

激安物件とは思えないユニットバス。バスタブも広い。

古くから道路として利用された土地のうち、道路法の道路の敷地とされずにそのまま残った土地がこれに該当し、国有地である。公図に赤色で着色されていることから「あかみち」と呼ばれている。

(http://www.re-words.net/description/0000002522.html)

2戸目 格安の反面、イワクも付いている物件

Spec

1993年築　3LDK　木造２階建て
土地129.56㎡　建物74.22㎡
販売価格200万円　購入価格200万円
賃料5万8000円　表面利回り34%
2012年6月に購入

ストロングポイント

- 任意売却物件で安い。
- 大きなバスタブのユニットバスが付いている。
- 車で３分のところに商店街がある。駅までは車で10分以内。
- サーファーに人気のエリアに立地している。

ウイークポイント

- 雨漏りしていて、一部シロアリに食われている。
- 内装・外装の修繕に費用がかかる。
- 敷地内に赤道が通っている。

公図で見ると、たしかにこの物件の敷地内にアカミチが示されています。

このような事情から、現況は再建築不可。しかし再建築可にする方法が2つありました。1つ目は市に対して赤道になっている土地の払い下げ申請をして国から土地を買い上げる方法。2つ目は市から占用許可を得て、そのうえで建築許可を取得して再建築可とする方法。役所に問い合わせてお話をうかがったところ、どうやら1つ目の方法のほうが再建築するうえではベターなようです。何とか再建築可にすることができそうな見込みが立ったので購入を決断しました。

ですが、1戸目の物件を購入してからまだ半年もたっておらずキャッシュがありません。そこで、友人に紹介してもらった日本政策金融公庫の担当者に融資の打診をして、300万円を無担保で借り受けました。

リフォームは、さすがにこの物件はけっこうかかりました。まず雨漏りがあったので外壁塗装が必須です。屋根も塗装しました。シロアリ駆除も行い、かかった費用は〆て120万円。

リフォーム後はサーファーの需要を当て込んで、地元のサーファーとつながりがある不動産屋さんに仲介を依頼しました。完全にサーファーターゲットのつもりでしたが、結果としてサーファーとは無縁のファミリーが入居してくれました。賃料は5万8000円です。

3戸目 競売がすぐそこまで迫っていた任意売却物件

この物件もネットで見つけたのですが、見つけたときの売出価格は380万円でした。とくに割安な物件というわけでもなかったのですが、記載されている「任売物件」(任意売却物件)の文字に目がとまりました。

ネットの情報をたどっていって物元《ぶつもと》の任意売却業者を探します。何とか見つけて電話を入れたところ個人から連絡が来たことにビックリしていたようですが、アポを取りつけて内見に出向きます。

室内のつくりはかなりカッチリしていました。建具は見慣れた普通の家よりも高級感があります。バスタブは人工大理石で、低価格の築古戸建てではなかなかお目にかかれない設備です。浴室暖房乾燥機など無駄な設備もありましたが、かなり程度のよい物件でした。

任売業者の話では競売が迫っており、私が買わなければもう競売だとのこと。それを聞いた私は多少のムチャは承知で250万円で買付を入れました。これには業者もかなり驚いたようで、250万円を350万円と見間違えたほどです。

業者も無理だと思ったでしょう。任意売却の場合は債権者の承諾が必要です。普通は債権者がこんな指値の買付を受けつけてくれるはずがありません。

ですが、この案件はもうすぐ競売になってしまうということもあり、債権者の方も弱気だったのかもしれません。それとも業者さんが相当頑張ってくれたからでしょうか、とにもかくにも、この買付が通ってしまったのです。

契約を済ませると、決済前に業者から諸費用を計算したＦＡＸが届きました。そのＦＡＸに驚かされました。登記費用が15万円もするというのです。２戸目の物件の登記費用は８万円ほどでした。今回の物件は登記が特別面倒なんてことはありません。単純に登記を担当する司法書士事務所の料金が高いのです。

私の知り合いの司法書士に代えてもらえないかと業者に連絡しましたが、債権の絡みで司法書士の変更は難しいとのこと。結局12万円まで値下げしてもらうことで話はまとまりましたが、司法書士に支払う登記費用はピンキリということをはじめて知りました。

その後、無事決済が終了し、購入後すぐにリフォームにかかります。外壁が劣化していたので塗装を施し、なんだかんだでトータル１００万ほどかかりました。客付けは賃料６万２０００円で募集をかけたところ1週間で決まりました。

3戸目 大胆不敵な指値に成功した物件

Spec

1990年築　2LDK　木造２階建て
土地156㎡　建物55.06㎡
販売価格380万円　購入価格250万円
賃料6万2000円　表面利回り29%
2012年10月に購入

ストロングポイント

- 任意売却物件で指値も通ったため激安。
- 建具やシステムキッチン、バスタブなどの設備がハイスペック。
- 海まで徒歩５分で、サーファーや釣り人の需要が見込める。

ウイークポイント

- 前面の道路が狭く、駐車場に車を入れづらい。
- 2LDKなのでファミリー需要への対応が万全でない。
- 津波を心配する人には敬遠される。

4戸目

業者が売主で、リフォーム後渡しの条件を提示された2戸1物件

4戸目は私の知り合いの業者が所有する物件でした。ネット上の情報でその物件のことは知っていたのですが、その業者が売主だとは知りませんでした。別の物件の内見に出向いたときにたまたまその物件の話になり、「どうです？　興味ないでしょうか？」ということになったのです。

すすめられたのは2戸1《にこいち》の物件。いままで購入してきた戸建てとは別の仕様の物件ですから多少の戸惑いがありました。

2戸1の物件とは、1つの建物のなかで2世帯居住ができる物件のことです。アパートなどの共同住宅と同じように隣の部屋とは壁1枚で仕切られているので戸建て物件の独立性がありません。

ですが、もともと値付けされていた600万円から500万円まで値下げOKで、しかも外装、内装をリフォームしたあとの引き渡しでよいという条件を提示され、購入することを決めました。業者が売主の物件ですから仲介手数料も無料です。リフォーム後渡しと

4戸目 はじめての2戸1物件

Spec

1990年築　2DK×2　木造平屋
土地206㎡　建物79.49㎡
販売価格600万円　購入価格500万円
賃料4万円×２　表面利回り19%
2013年8月に購入

ストロングポイント

- 業者が売主なので仲介手数料がかからない。
- リフォーム後渡しのため修繕費用がかからない。
- 空港が近く賃貸需要が見込める地域に立地している。
- 小学校や中学校が徒歩圏にある。

ウイークポイント

- 井戸水を使用している。
- 何とか２世帯分停められるが駐車場が狭い。

いうことで修繕に一切お金はかかりませんでした。

この物件は、売主の業者が購入するまでずっと空き家だったそうです。ようやく賃貸が付いたのは私が購入する2週間前、それでも2戸のうち1戸はまだ空室の状態でしたが、幸いなことに自ら客付けに駆けずり回るなどの手間をかけることもなく、私が購入してから2週間でもう1戸も埋まり、満室となりました。

ずっと空き家が続いていた物件でも外壁塗装や内装リフォームを行い、しっかり営業をすれば賃貸は付くというのが私の実感です。この物件は成田空港に近く、もともと賃貸の需要があり、客付けには向くエリアでした。

賃料は2戸とも4万円です。購入価格500万円で月の賃料収入が8万円ですから、利回り19％で回っています。

ただし、この物件は井戸水を使用しています。2013年の年末に井戸から水を汲み上げるポンプの故障で水が出なくなってしまうトラブルがありました。年の瀬にもかかわらず業者に出張してもらい何とか修理してもらえましたが、かかった費用は16万円。井戸水は何かと面倒が多いと聞いていましたが、実際そのとおり。やはり水道がベターということを身銭を切って実感することになった次第です。

5戸目
350万円で購入したはじめてのオーナーチェンジ物件

この物件の購入前に別の物件を購入しようと思い、買付を入れていました。が、転売業者との競争になり、あえなく討ち死にに。転売業者の動きはプロならではのスピードで、競り勝つのは至難のわざです。そのとき仲介に入ってもらった業者さんから「こんな物件もありますよ」と教えてもらったのがこの5戸目の物件です。「オーナーチェンジの物件」でした。私はそれまでオーナーチェンジの物件を購入したことがありませんでした。利回りは現状の家賃で計算して18%。その物件は海近のリゾート地にあり、物件の近くにはテニスコートがあります。

物件の外観は少し変わっています。一見すると店舗のような見た目なので業者に確認しましたが、なかはれっきとした居住用とのことでした。駐車場は1台分しかありませんでしたが、リゾート地という立地のよさがありますし、近くに借りられそうな駐車場もあり、問題ないと判断しました。

オーナーチェンジの物件は内見ができないデメリットがあります。室内の状況を

オーナーチェンジの物件

入居者付きの物件のこと。オーナーチェンジ物件は、現入居者がそのまま住んでくれるのでリフォームする必要がなく、初期費用が少なくて済む。購入後すぐに賃料収入が発生するメリットもある。空き家の場合は購入後リフォームして、賃貸の客付けをして、賃料収入が発生するまでに早くとも3カ月くらいの時間がかかる。反面、購入前に室内を確認できないことがオーナーチェンジ物件のデメリット。

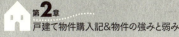

売主から確認しましたが、内装は現入居者が入る前にフルリフォームを施しているとのこと。

入居者の属性も確認しました。しっかりした仕事をお持ちの方で、家賃保証にも加入しており滞納の心配はなさそうです。その入居者さんは一風変わっていて、この物件とは別に自宅をお持ちで、週末にご夫婦でこの物件にやってきてはサンダルなどの日用品を近隣で販売しているのだとか。

無事買付も通り、購入後はすぐに賃料が振り込まれるというオーナーチェンジ物件のありがたみをかみしめることになりました。

基本的にオーナーチェンジでなければリフォームの必要があるので、私の場合は少なくとも現地に5〜6回は足を運ぶのですが、この物件を訪れたのは確認時の1回のみ。物件には車のナビを使わないとたどり着けません。

ついでにいうと、この物件は購入してからまだ一度もクレームを受けていません。私が所有しているのは築古物件ですから、テレビの映りが悪くなったとか、給湯器から異音がするとか、ほかの物件にはそのようなクレームが1回はあったのですが、この物件に関しては皆無でした。まさに優等生物件です。

5戸目　海近のリゾート地に建つオーナーチェンジ物件

Spec
1988年築　3LDK　木造2階建て
土地88.14㎡　建物92.28㎡
販売価格380万円　購入価格350万円
賃料5万8000円　表面利回り19%
2013年10月に購入

ストロングポイント
- オーナーチェンジなのですぐに賃料が発生する。
- 現入居者の属性が◎、家賃保証にも加入している。
- 田舎の物件では珍しく排水が下水。
- 内装リフォーム済み。

ウイークポイント
- 駐車場が狭い。
- 内見することができない。

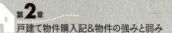

6戸目

高級感のあるカーポート付きの相続物件

この物件はネットで見つけました。ネットに出てきたときに「けっこういいな〜」と思っていたのですが、そのときは別の物件を追いかけていて、気にはなったものの放置することにしました。

しかし、結局追いかけていた物件を買うことができませんでした。そこで、「もう決まっちゃったかな」と思いつつ、この気になった物件の仲介業者に電話を入れることにしたのです。すると、ラッキーなことにまだ売りに出ているとのこと。

購入希望の人がいて、その人のために内見などを一時ストップしていたそうなのですが、価格の面で折り合いがつかず、再度内見の受付を再開したところに私が電話をかけてきた格好になったそうです。

さっそく内見に向かいます。室内はかなりキレイな状態でした。売却理由を確認すると、この物件の以前の持ち主が他界されて、相続した息子さんが売りに出しているとのこと。遠方に住んでいる息子さんは物件の地元の業者に依頼し、なるべく早く売却するために割

6戸目 コンディション良好の相続物件

Spec

1995年築　3LDK　木造２階建て
土地100.96㎡　建物74.72㎡
販売価格380万円　購入価格350万円
賃料5万5000円　表面利回り18%
2014年2月に購入

ストロングポイント

- 築年数がそれほど古くない。
- 内外装の程度が良好。
  屋根付きのカーポートも付いている。
- スーパーまで車で５分、駅まで10分程度。

ウイークポイント

- 近隣に畑が多く、砂ぼこりが舞う。
- 井戸水を使用している。
- 駐車場が１台分しかなく、近隣にも駐車場がない。
- 賃貸需要が比較的少ないエリアに立地している。

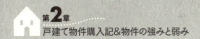

安な価格設定で売りに出したそうです。相続物件は、このような事情があってディスカウントされていることが多いです。

業者と価格交渉を始めます。この物件は先の購入希望者が価格でこじれていたということで、指値のボーダーがはっきりしていました。売主のギリギリの売却ライン350万円で買付を入れ、無事に購入することができました。

元の売値は380万円だったので30万円の指値です。先ほどご紹介した5戸目の物件とまったく同じで、売値380万円のところに30万円の指値を入れて購入しました。感覚的なものですが、300～400万円台の物件であれば30万円以下の指値は通りやすいように思います。

その後、30万円ほどかけてクロスの交換や畳の表替えなどの内装リフォームをしました。そのうえでプロパンガス屋さんにエアコン、給湯器、ガスレンジを交換してもらい賃貸に出しました。賃料は5万5000円に設定。募集を始めてから1カ月後に入居者を迎えることができました。

指値《さしね》

売買にあたって買い手が値段を指定すること。また、指定された値段のこと。売値よりも低い価格で買付を入れる際に指値ということが多い。売値と同額で買付を入れる場合は「満額で買付を入れる」といい、売値よりも高い値段で買付を入れる場合は「買い上がり」という。単に安くしてほしいという理由でむやみに指値を入れると売主や仲介業者に煙たがられる可能性がある。指値をする場合は明確な根拠を買付証明書に明記することが基本。

7戸目

100万円値引きしてもらった競合物件皆無の一人勝ち物件

不動産投資ブームのあおりなのか、地方の戸建てでも物件価格が高騰気味でなかなかよい物件が出てこない。よい物件があったとしても即日に買付が入って買うことができない。そんな状態にあるときに出会った物件でした。趣味のサーフィンの帰りに、以前からおつき合いをさせてもらっている不動産業者さんをフラッと訪ねたときのことです。

社長「あら〜久しぶりー元気ー？」

いつも快活な女性社長が気さくに話しかけてくれます。

私「お久しぶりです。サーフィン帰りにフラッと寄ってみました」

社長「あんたサーフィンなんか寒くないの〜」

ひとしきり挨拶と雑談をかわしたあとに本題を切り出します。

私「社長、いい物件ありませんか？　最近戸建ても値段が上がってしまっていいのが見つからないんですよ」

社長「あんた、あるわよ1軒。ちょっと見てきなさいよ」

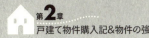

私「ホントですか？　ぜひ！」
　そのまま見学に向かいます。役所や病院、幼稚園が徒歩圏内にある好立地の物件です。そして何よりいいのは物件の近隣に賃貸物件がほぼないということ。不動産ポータルサイトで検索しても賃貸物件は1件しかヒットしませんでした。
　室内はリフォーム済みで、そのまま賃貸に出せそうな状態です。ただし、物件価格が450万円と私の基準からするとやや高めでした。この価格で買ってしまうと目指す利回りには届きません。
私「社長、350じゃダメですか？」
社長「じゃあ、売主さんにちょっと聞いてあげる」
　数分後、電話がかかってきました。
社長「社長がいうならしょうがないっていってくれたわよ。あんたよかったわねー」
私「ありがとうございます！」
　社長は以前からこの売主さんとつながりがあるようで、相当にキツメの指値でしたが通してもらうことができました。いい物件を買うには業者さんとのおつき合いがモノをいうとよくいわれますが、まさにそのことを実地で学ぶ訪問となりました。

7戸目 業者に紹介してもらった競合ナシの物件

Spec

1990年築　2DK　木造平屋
土地142.14㎡　建物55.06㎡
販売価格450万円　購入価格350万円
賃料5万5000円　表面利回り18%
2014年12月に購入

ストロングポイント

- 競合物件がない。
- 役所や病院が徒歩圏にある。
  近くに工場があり、賃貸需要が見込める。
- 内装リフォーム済みで修繕費用がかからない。
- 近隣に高速道路のインターができた。

ウイークポイント

- ファミリー向けには手狭な間取り。
- 前面道路の交通量が多い。

第3章

テッパンの戸建て物件はどこにある?

自己資金は抑え目でOK、ただし投資エリア選びは慎重に

まずは、自己資金から話を始めたいと思います。たとえば、３００万円の物件を購入して１００万円でリフォームを施して賃貸に出すとしましょう。この場合の費用は物件費用３００万円、リフォーム費用１００万円、初期費用30万円で、ざっくりですがトータルで４３０万円くらい。

物件費用とリフォーム費用を合わせて融資で４００万円借りるとします。しかし、ある程度の自己資金がなければ融資はしてもらえません。私が公庫の融資担当者に話を聞いたときには借入額の20％の自己資金が必要といっていました（54ページ参照）。４００万円の20％ですから、80万円あれば融資を受けられることになります。

極端な話、**１００万円あれば戸建てを１戸買える**わけです。

ですが、**はじめての融資で融資実績がない場合はそれ以上の自己資金があったほうがいい**でしょう。融資担当者によって融資の可否が大きく左右されることがあります。担当者によっては自己資金が少ない、実績がないということで融資がおりな

初期費用
物件を購入する際には、物件費用とは別に初期費用がかかる。その内訳は仲介手数料、登記費用、固定資産税の日割りなどで、おおよそ物件価格の10%が目安。仲介手数料は次のように計算する。
物件価格× 4%+2万円+消費税（物件価格が200万円超400万円以下の場合）
物件価格× 3%+6万円+消費税（物件価格が400万円超の場合）
物件価格が300 ～ 400万円であれば、仲介手数料はだいたい15 ～ 20万円。登記費用はおおよそ10万円。

い可能性もあります。購入後に思わぬ出費が発生することも多々あります。現金がない状態では突然の出費に対応できません。

私の場合は**とりあえず200万円の自己資金を用意するようにしています**。地方戸建て物件なら200万円の自己資金があれば融資に関してはまず問題ありませんし、購入後に予期せぬ出費があった場合も安心です。自己資金をある程度入れて返済比率を下げて、キャッシュフローを増やすことも可能です。

投資エリアを決めるための2つのポイント

資金のメドがついている方はすぐに物件検索……となりがちですが、その前に投資エリアを絞りましょう。**あまり広い範囲を投資エリアにしてしまうと土地の情報や相場観を養うのに時間がかかってしまうので、エリアはある程度絞るのが得策**です。

私の場合は千葉県内、とくに外房エリアをターゲットにしています。外房エリアは千葉県の太平洋側に位置し、幹線道路沿いは店舗などが立ち並んでいますが、1本道をそれれば田園風景が広がっているようなところです。地方ではありふれた光景でしょう。気候は温暖で、冬場でも雪が降ることはめったにありません。比較的

返済比率
年間家賃収入に対するローンの年間返済額の割合のこと。「年間返済額÷年間家賃収入×100」で計算する。一般的に返済比率が50%を超えると危険といわれる。返済比率が高いというのは、家賃収入に占める返済額の割合が大きいということ。空室や大規模修繕が発生すると収支が赤字になる危険性が高い。私の場合は、公庫から10年という比較的短い返済期間で借入をしているが、返済比率は40%以下にとどまっている。

過ごしやすい地域だと思います。夏場は九十九里浜が海水浴客で非常に賑わい活気があるのですが、冬場の海は閑散としています。近年は自然減のほか、震災、原発問題の余波、大規模工場の撤退などによって人口減少に見舞われています。多くの市町村が抱えるのと同じ悩みを持っている地域です。

ではなぜ私が外房エリアを不動産投資のターゲットにしたのかというと、それには2つの理由があります。

千葉県の海沿いエリア

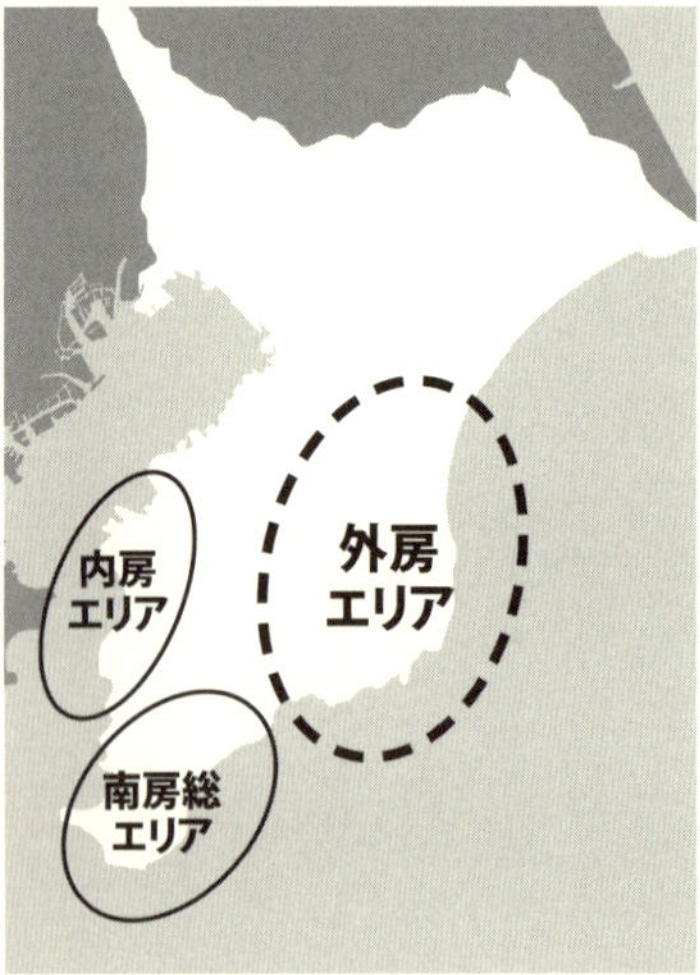

■やはり土地勘はあったほうがいい

私は現在、千葉の外房エリアに住んでいますが、居住する前から趣味のサーフィンのためにこのエリアに頻繁に通っていました。当然、自分が住んでいるエリアはほかのエリアとは情報量が違います。**不動産投資で情報量が多いことは明確なアドバンテージ**です。

るか？　融資を使う場合は毎月の返済額はいくらになるのか？　固定資産税や管理費などランニングコストはどれくらいかかるのか？　これらをシミュレーションして、実際に物件を持ったときにいくらくらいのキャッシュフローが望めるのか購入前に計算しておくことは必須。

地方で投資をしたいけれど、地方に土地勘がある場所がないという方は、まず投資エリアを設定して、その地に頻繁に足を運ぶことです。地場の不動産業者への聞き込み、物件の内覧、街の様子の観察。すれ違う車の台数も、そのエリアの人口を測る手がかりになります。そしてスーパーやドラッグストア、ホームセンターなどで自ら買い物客となって、**その地域の活気がどうなのかじかに感じてみてください。**これればかりは地道にやるほかありません。

■お手ごろ価格ながら賃貸の需要が手堅くある

賃貸の需要があっても物件価格が高ければアガリは少なくなってしまいます。**賃貸の需要があり、それなりの賃料がいただけてなおかつ物件価格が手ごろだったのが、この外房エリア**でした。一方、物件価格がバツグンに安くてもまったく賃貸の需要がなかったり、安い賃料しかもらえないエリアもあります。

物件価格が驚くほど安いエリアを見つけ、その土地に物件見学に出かけたときのことです。私の住むところから車で2時間ほどののどかな田舎町。大きな湖があり自然豊かな場所でした。さっそく現地業者の店舗を訪問してお話をうかがいます。

業者「今回は永住目的ですか？」

私「いいえ、購入後賃貸に出そうかと考えています」

キャッシュフロー ―――
実際に得られた収入から支出を差し引いた手元に残る資金の流れのこと。不動産投資では家賃収入から経費、借入金の返済分を差し引いた額がキャッシュフローになる。非常に重要な指標の1つで、いくら家賃収入が多くてもキャッシュフローが少なければよい投資とはいえない。経験があまりない人は、つい物件の高い表面利回りにつられてしまいがちになるが、表面利回りは二の次。いくらの家賃収入が見込め↗

業者「なるほど。ではいくらで賃貸に出そうとお考えですか？」

私「こちらで購入するのははじめてで相場がよくわかりません。いくらなら貸せそうですか？」

ネットでの事前リサーチでは近隣の戸建てが4～5万円で賃貸に出ていました。それくらいの価格帯を想像していたのですが、甘くありませんでした。

業者「まあ、この物件だったら……1万円くらいで賃貸が付きますよ」

私「……」

物件は築20年の2LDKで庭と駐車場付きです。賃料1万円なんて考えられません。私がそう指摘すると、「賃料4～5万円の物件は学校や役所、スーパーなどが近い立地の物件。今回の物件は元が別荘地の山のなか。ニーズは都内の人が別荘感覚で借りるくらいで、需要はかなり限られている」と返されました。

それでも、とりあえず物件を見せてもらうために現地に向かいます。着いてみると、そこはなんと森のなか！　完全に俗世間とは切り離された、ロビン・フッドのような世界です。道は軽自動車1台がやっと通れる程度。しかも傾斜があったり、ぬかるみがあったりで四駆でなければ通れません。物件自体は築20年程度の洋風のオシャレなつくりで、建物の傷みも少なく、売値は100万円台。しかし不便すぎます。物件を前にして「こりゃ賃料1万っすね～！」と納得しました。このようなエリアもありますから注意してください。

物件検索で掘り出し物に出会うには?

投資するエリアが決まったら、ネットでひたすら物件検索をします。

健美家や楽待のような投資用の不動産ポータルサイトだけでなくアットホームやホームズ、不動産ジャパンなどの投資目的以外のポータルサイトでもチェックする必要があります。

投資用の収益物件が掲載されているポータルサイトは投資家のライバルがみんな見ています。よい物件が出ようものなら問い合わせが殺到するのは目に見えていますから、投資目的のサイトを押さえるだけでは不十分。**居住用に売りに出されている戸建て物件もチェックしなければ安い物件を仕入れるのは難しい**でしょう。

できれば**地場の不動産業者のホームページもチェックできるとライバルに差をつけられます**。地場業者のホームページには、自社で客付けしたいということで、たまにポータルサイトにアップしてない物件が載っていることがあります。

そして意外と掘り出し物を見つけられるのが、**ポータルサイトで「土地」で検索する場**

合。「小屋付き土地」というものがあり、それらは基本的に土地の値段だけで売買されていて安いのです。「小屋付き」と書かれていると廃墟みたいな家が建っているのでは、と思われるかもしれません。実際にたいていは廃墟なのですが（笑）。

とはいえ、たまに、まだ利用できるような建物が建っている場合もあります。基本的に激安物件はネットに掲載されたらすぐに売れてしまうものですが、**このように土地として売りに出されている物件は、土地で検索をしている人が少ない分、掘り出し物が眠っている可能性があります**。

さて、ひたすらネットで検索していると、そのエリアの物件の相場がだいたいわかってきます。やはり相場観をつかむことは大前提。相場がわからなければ安いか高いかの判断もできませんから。

私はいまでも毎日ネットで物件検索しています。ホームズやアットホームなどスマホアプリをリリースしているところもあり、これを利用すれば通勤中でもスキマ時間でもラクに物件検索できます。ポータルサイトに希望物件の条件を登録しておくとメールで通知してくれるサービスもありますので、ぜひ活用してみてください。

狙いは実質利回り15％以上の物件

ネットで物件を検索するときに、どのような物件をターゲットにしていけばいいのかをお話ししましょう。

物件には利回りが記載されています。この利回りは表面利回りです。表面利回りは年間の家賃収入の総額を購入価格で割った数字です。

表面利回り ＝ 年間賃料 ÷ 購入価格 × １００

「利回り○○％！　高利回り物件、お急ぎください！」なんて見出しが出ていることがありますが、**あくまで表面利回りですから、たとえば物件の修繕にいくらかかるのかわかりません**。いくら表面利回りが高くても、リフォームに湯水のようにお金がかかったり、空室率がどうしようもなく高いエリアで客付けが見込めなければ意味がありません。

私の場合は、**実質利回りで15％以上を目標にしています**。ここでの実質利回りは次のように求めます。

実質利回り＝年間賃料÷（購入価格＋初期費用＋リフォーム費用）×100

表面利回りにはリフォーム費用などのコストが反映されていないので、かなりおおまかな数字です。**空き家の場合には想定されている賃料で入居が決まる保証もありません**から、どれくらいの賃料なら決まりそうか、リフォームにはいくらかかるのか自分で調査する必要があります。

実質利回りに話を戻すと、「初期費用」は仲介手数料、登記費用、固定資産税の日割りなどです。私が投資するエリアでは戸建ての賃料はだいたい5～6万円ですから、実質利回り15％以上を目指すためには、物件の価格帯は300～400万円が1つの目安となります（もちろん、エリアによって賃料の相場はまったく異なります。必ず地場業者にヒアリングして賃料相場を確認してください）。この価格帯の物件にかかる初期費用の目安はだいたい物件価格の10％程度です。ですから、約30万円となります。なお、実質利回りの計算にランニングコスト（管理費、火災保険料、固定資産税、入退去時の修繕費など）を含めない理由は、戸建てではランニングコストのなかで修繕費の比率が高くなるからです。修繕費はいくらかかるのか、いつ生じるのか、予測が難しいコストなのでここでは省いて計算しています。それでも表面利回りよりは正確な利回りを計算できます。

私はネットで物件検索するとき、400万円以下の物件を重点的に探すようにしています。400万円以上の物件では実質利回り15%以上を達成するのは難しくなるので、見てもあまり意味がないという判断をしています。

ここで、なぜ賃料が5~6万円なのかについて一言触れておきます。

「よい物件なら賃料7~8万円で借りる人だっているんじゃないの?」と思われるかもしれません。しかしそれは都市部に住んでいる人の感覚です。地元の業者に聞き込みをすればすぐにわかるのですが、**地方では賃貸の需要がある賃料は決まっていて、それ以上の賃料になってしまうと一気に反応率が落ちてしまう**のです。反応率の高い賃料を想定に入れたうえで物件を仕込むのが大事です。

平成築の物件ならリフォームコストを抑えられる

実質利回りを高めるためにはリフォーム費用を抑えることがキモになります。

リフォームのコストに大きく関係するのが物件の築年数で、私は**築年数が20年程度の平**

成築の物件をおすすめしています。

築年数が若ければそれだけ物件価格が高くなります。一方、築年数が古すぎれば安くは買えますがリフォームに多額の費用がかかってしまいます。**そこまで古くはなく、かつ価格が抑えられている築20年程度の物件が実質利回りを高めやすい**と考えています。

先日、私の友人が築30年以上の戸建て物件を購入しました。外壁は数年前に塗装済みで、新しいユニットバスも入っています。リフォームはそれ以外の内装のみになるので、それほど費用はかからないだろうと踏んでいました。「かかっても80万円くらいかな」とノンキに構えていたのですが、実際の費用は130万円。プロパンガス屋さんを利用したり、私の知り合いのリフォーム業者に安くやってもらったにもかかわらず、これだけ予実に差のある費用になってしまったのです。

築30年を超えるとどうしても建物のあちこちにガタがきているので、リフォームコストがかさんでしまうということです。

私が所有する物件のほとんどは平成築です。内装のリフォームだけであれば30万円程度で済みます。**平成築であればまだ使える設備が多く、費用がかかりすぎることがあまりありません。**友人の物件でコストがかさんでしまったのは、キッチンやトイレの設備が老朽化していたことや、壁がじゅらく壁で湿気を吸ってブヨブヨになっていたので下地から交換してクロスを貼ったことが響きました。

また、1981年(昭和56年)6月1日以前の築古物件は、旧耐震基準の物件で地震による倒壊リスクという問題もあります。阪神淡路大震災で倒壊した多くの家屋が旧耐震基準の建物だったといわれています。地震で建物に大きな被害が及べば、賃料収入がなくなることはもとより、復旧にも多額の費用がかかります。地震保険があるから大丈夫と考える人もいるかもしれませんが、保険ですべてをまかなうことはできません。地震で家屋が倒壊してしまった場合、地震保険では家を建て替えられるような保険金は入ってこないからです。地震保険には、保険金額が火災保険の保険金額の30~50%の範囲内という決まりがあります。しかも旧耐震基準の物件では地震保険の保険料が高くなる可能性もあります。

リフォームに話を戻すと、物件の間取りでもリフォーム費用は大きく変わってきます。

地方ではボリュームのある4LDKや5DKの物件もたくさんあります。このような物件は子どもの多いご家庭に人気で需要はあるのですが、いかんせんリフォーム費用が高くつきます。退去後のクリーニングも大変なので、私はあまりおすすめできません。かといって1DKや1LDKのような小型の戸建てではファミリー需要を取り込めません。

ではどれくらいのスペックが適当かというと、私は**3DK、3LDKの物件がよい**と考えています。私の所有する戸建て物件は7戸中4戸が3LDKです。これくらいのスペックならファミリー需要を取り込めますし、リフォームで費用がかかりすぎることもありません。

あなたがアプローチすべき業者を見分ける方法

ネット上の物件詳細画面には取扱業者の情報が載っています。**「取引態様」「取引形態」**と書かれている欄を探してみてください。そこには**「売主」「専属専任媒介」「専任媒介」「一般媒介」「仲介（媒介）」**のいずれかが記載されています。これらの意味を理解するには仲介手数料の仕組みを理解しなければいけません（すでにご存じの方は読み飛ばしてもらってけっこうです）。

物件の決済時には仲介手数料を売主、買主の双方が支払うのですが、1つの仲介業者が毎回両方からもらえるとは限りません。売主、買主双方から仲介手数料が入ることを「両手」、売主もしくは買主の一方から仲介手数料が入ることを「片手」といいます。**両手は仲介手数料が片手の2倍ですから、両手になると仲介業者のモチベーションが違います。**

では、どのような場合に仲介手数料が両手になるのか、あるいは片手になるのか。

まず業者が売主の場合、仲介手数料は発生しません。業者自身が売主だから「仲介」手数料は発生しないということです。

業者が両手で仲介手数料をもらえる場合は、取引態様が「専任」「専属専任」「一般」で、業者自ら買主を見つけた場合です。このケースの業者は売主と契約をかわして仲介をしている業者で、俗に「物元業者」といいます。

一方で片手になってしまうのは、取引態様に「仲介」もしくは「媒介」とだけ記載されている業者が買主を見つけた場合です。この仲介業者は売主と契約をかわして物件の紹介をしているわけではありません。この仲介業者が買主を見つけた場合、この業者に片手の仲介手数料が入り、契約をかわした物元業者にも片手の仲介手数料が入るという仕組みです。

それぞれの取引態様の特徴を106ページの表にまとめました。

地方の戸建ては価格が安いので仲介手数料も安くなります。**もともと安い仲介手数料なのに片手で半分しかもらえないとなれば、業者としては面白くない**です。物元業者は両手でなければ売りたくないくらいの気持ちがあるようです。ですから**物件について問い合わせるときには、必ず専任媒介や一般媒介などの物元業者に行うようにしましょう。**

■遠方業者は指値が通りやすい

物件検索しているときに思わず**「おっ!」**となってしまうことがあります。それは、**千葉県の物件なのに東京の業者が扱っているなど仲介業者が遠方の会社の場合**です。なぜ

「取引態様」欄に書かれていることの意味は？

売主	業者が売主。投資家からすると仲介手数料がかからないメリットがある。デメリットは利益を乗っけて転売しているので価格がやや高め。業者が相手なので値下げ交渉も難しい場合が多い
専任媒介	売主はこの業者とのみ契約をかわす。契約に関して一途な恋愛のようなもので浮気はしない。この業者だけが物元。売主の情報をたくさん持っている。契約に至れば両手の仲介手数料が入るので指値が通りやすい
一般媒介	売主はこの業者以外の業者とも契約している可能性がある（物元業者が複数ある可能性がある）。売主の情報は専任媒介よりも少なくなる印象。仲介手数料は両手なのでけっこう頑張ってもらえる
仲介（媒介）	この業者に案内をお願いするのは避けたい。売主の情報をあまりつかんでいない。仲介手数料が片手しか入らないので指値も通りづらい
専属専任媒介	専任媒介と同じようなもの。売主が自分で買主を見つけてこられるかこられないかが大きな違い（専属専任媒介は売主が自分で見つけた買主に物件を売ることができない）

「おっ!」なのかというと、業者が遠方であると土地勘がない分、価格設定を誤り安く売りに出されている場合があるからです。

そして**指値が通りやすいことも見逃せません。**遠方の業者は内見の案内が大変です。考えてみてください。たとえば千葉県外房エリアの物件を都内の業者が案内する場合、わざわざ2時間かけて、おまけに高速料金もかけて物件まで案内に行かなければなりません。それが数千万円の物件であれば仲介手数料もいい額になるので苦労をいとわないかもしれませんが、地方の築古戸建ては価格が300〜500万円程度です。仲介手数料も知れています。

業者さんにしてみれば「たいして儲からないのに手間だけはかかるな」となるわけです。正直案内するのも面倒くさく、できるだけ早く終わらせたいのがホンネでしょう。ですから、**必死に売主と交渉してくれます。**それで思わぬ指値が通ってしまうことがあるのです。

オーナーチェンジ物件はラクチンな分、注意点もある

物件検索しているとオーナーチェンジの物件も見つかります。アパートなどはもともと投資用の物件ですからオーナーチェンジが当たり前なのですが、戸建ての場合はオーナー

チェンジ物件は少数派です。

戸建て賃貸では空き家物件を購入してリフォームしたうえで客付けすることが基本になりますが、そのプロセスには当然、手間と費用がかかります。オーナーチェンジではそこを省くことができます。そこにはもう入居者が住んでいるのですから当たり前ですね。

購入後すぐに賃料収入が発生しますし、いいことずくめのようですが、すべていいというわけにはいきません。

まず**オーナーチェンジ物件は内見ができません。**室内の状況を確認できないので、思わぬ瑕疵が潜んでいる可能性があります。もちろんそんなことにはならないように、購入前に売主や仲介業者からヒアリングしますが、それで完璧に防ぐことなんてできません。

もう1つの注意点は、**いま住んでいる入居者が退去したとき**です。

購入時に内見していないので内装リフォームにかかる費用は未知数。そして購入時にリフォームしていない以上、退去時にリフォームコストがかさむことを覚悟しないといけません。

「オーナーチェンジなら初期コストが抑えられるから、少しばかり割高で買ってもいいか」と考えるのはやめたほうがよいと申し上げておきます。

競売と任意売却、おすすめはどっち?

競売は安く物件を買える！　巷でいわれていることですね。私も不動産投資を始めたころから競売に興味があり、ネットで競売物件をチェックすることを自分に課してきましたが、そのときの印象では、落札額がけっこう高い！

先日も競売で入札中のアパートを見に行ってきました。実際に目にしてみると駐車場がないうえに周囲は草が伸び放題という、とんでもないオンボロアパートでした。それなのに落札価格は想像をはるかに超えて高い。普通のルートで売りに出ている物件を指値で買ったほうがよっぽど安く済むんじゃないかと思いました。

競売で区分マンション物件を仕入れ、それを転売している業者と話をしたことがあります。「いまはプロ以外にも参入する人が増えて落札価格が上昇している。競売で安く仕入れられなくなってきているから、転売してもすごく利幅が薄い」と嘆いていました。プロでもこのような状況なのですから、シロウトでは言うに及ばずです。

競売は内見することができません。こわいのはシロアリ被害です。シロアリに食われていても意外とわからないケースが多いのです。所有者が知らず、執行官も気づかなければ執行官が作成した現況調査報告書をいくら読み込んでもお手上げです。あとから裁判所に訴え出ても取り合ってはもらえません。

競売では入札金額をいくらにするのかの設定が非常に難しく、10回入札しても1回くらいしか落札できないなんてこともザラにあるようです。**入札のたびに保証金を入金しなければいけないので10回に1回の落札では効率が悪すぎます。**

そんなときに利用価値があるのが不動産競売物件情報センター981.jpの「バーチャル入札」サービス。不動産競売物件情報センター981.jpのサイトで無料会員登録をすると利用できます。自分なりの「これくらいかな」という値段でバーチャル入札をしてみて、開札後にどれくらいの額が足りなかったか、逆に多すぎたのかがサイト上で確認できます。

私も利用しているのですが、落札額は相場と比べてそんなに安くないなと感じます。競売は仲介手数料や司法書士に支払う手数料がかからないなどのメリットがありますが、内見できない、場合によっては占有者がいるなどリスクが高い面もあるので、私の見立てでは相当安くなければやる意味はないと考えています。

任売物件は検討の余地アリ

物件検索していると、物件詳細の欄に**「債権者の承諾が必要」**などの文言が記載されている物件を見かけることがあります。その物件は任意売却物件と考えられます。私が購入した物件のうち、2戸目と3戸目の物件がこの任意売却物件でした。

任意売却物件とは、住宅ローンで物件を購入し、その支払いをとどこおらせてしまった場合に、債権者つまり銀行が抵当権を行使し、物件を差し押さえて売りに出している物件のことです。この任意売却で売れなければ、その物件は競売に流れることになります。

競売にかける場合には債権者は100万円近くの費用と手間がかかります。競売になればいくらで売却されるのかもわかりません。100万円の費用と手間をかけても、回収できるお金が任意売却よりも安くなる可能性があるのです。

債権者は焦ります。何とかして任意売却で売ってしまいたいと考えます。こうした事情から、**任意売却物件は普通に売りに出されている物件よりも安く購入できる可能性が高い**のです。

抵当権
物件を担保に融資を引いて不動産を購入する際には、金融機関は物件に抵当権を設定する。もしローンの支払いがとどこおったときには金融機関は抵当権を行使し、物件を差し押さえ、売却し、融資した資金を回収することができる。抵当権を外すには借りたお金を返す以外に方法はない。

任意売却は競売と違って内見もできますので、その点は安心です。ただし、注意しなければいけない点もあります。

それは買付を入れてから、その承諾を得るまでにかなり時間がかかってしまうケースがあること。普通は買付を入れて売主のＯＫが出ればすぐに契約・決済という流れになるのですが、任意売却の場合は債権者が絡んでいるのでＯＫが出るまでに時間がかかります。私の場合はＯＫが出るまで1カ月以上かかったこともありました。債権者の承認を得て、ようやく契約・決済の運びとなります。

任意売却の場合に、即、賃貸の客付けをするちょっとしたワザがあります。

任意売却の場合、**売主さんはその物件に住み続けたいと思っている人が多い**です。長く住み慣れた家なので、任意売却になっているとはいえ、そう簡単には離れたくありません。住宅ローンの返済がとどこおり売却せざるを得なくなってしまっているわけですが、できることならそこに住み続けたいのです。

このとき、賃貸でそのまま売主に住み続けてもらう方法をリースバックといいます。このリースバックは、任意売却もそうですが競売でも行われる場合があります。競売で戸建てを購入し、リースバックしたうえで収益物件として転売している業者もあるそうです。

リースバックであればリフォーム費用がかかりませんし、客付けをする手間も省けます。

リースバックの仕組み

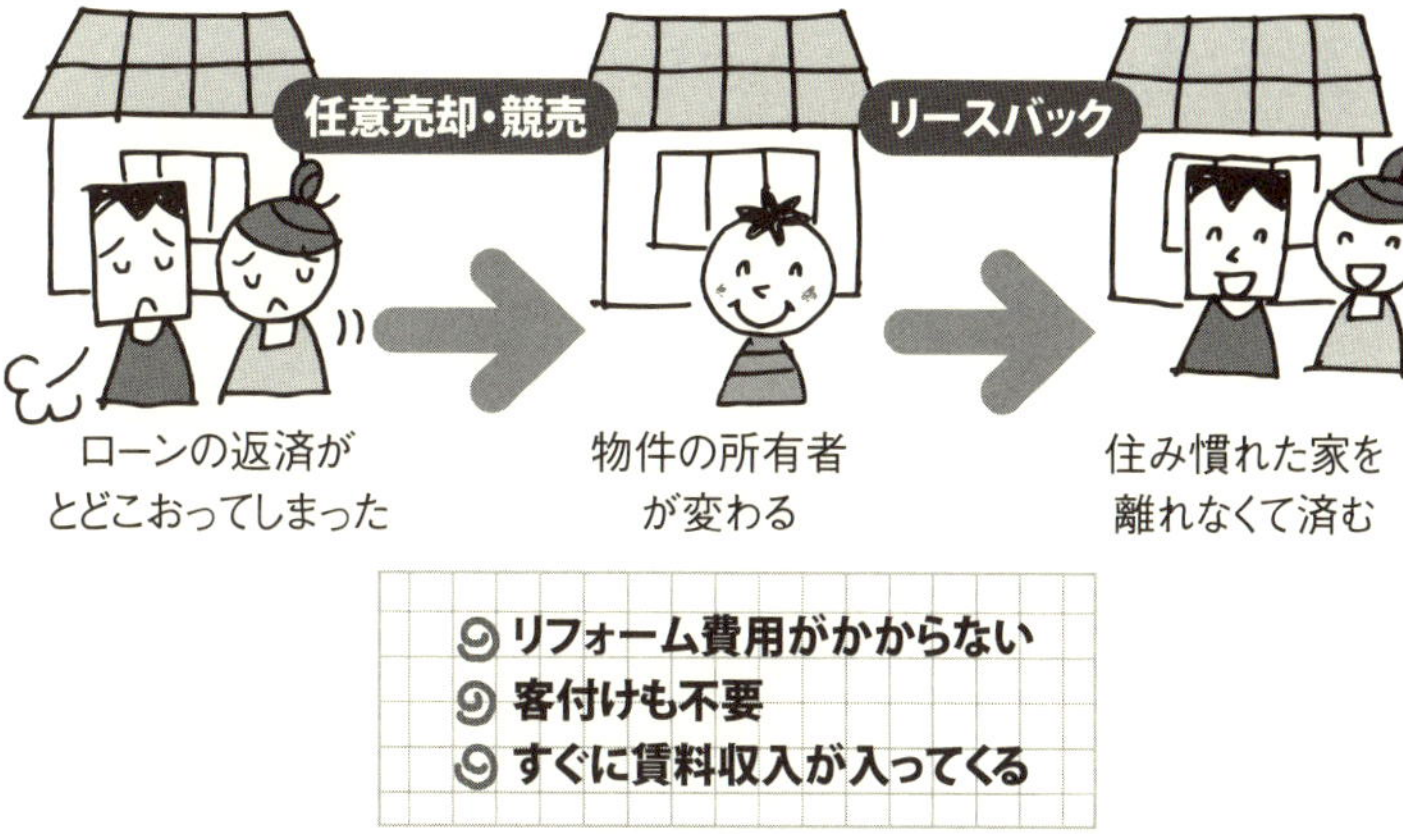

何より購入後すぐに賃料収入が発生するのが魅力です。

とはいえ、ローンを滞納してしまった人を住まわせて大丈夫なの?という心配があるでしょう。私も同じ疑問があって、任意売却物件を専門に扱っている業者にお話をうかがったことがあります。

その業者さんの知り合いの方が競売で購入した物件をリースバックで貸し出しているそうなのですが、入居者は存外、家賃を毎月キッチリ払い続けてくれているそうです。どうしても心配であれば家賃保証会社の審査を通ることを賃貸の条件にしておけばよいでしょう。**ローン滞納者でも家賃保証会社の審査を通る可能性はある**そうです。

地場の不動産業者とうまくおつき合いする作法

不動産投資の本を読むと、地場の業者を回ることの重要性が必ず書いてあります。**これには私もまったくの同意見**です。ネット検索で目ぼしい物件を見つけたら**ガンガン内見の申し込みをしましょう。**掲載業者に電話で連絡を入れ、似たような物件があればそれも合わせて内見させてほしいと伝えてください。

ポイントはできるだけたくさんの物件を内見すること。たくさんの物件を目にすることで、自分のなかで割安・割高の基準線がはっきり浮かび上がるようになります。

また、内見に回るときは業者の車が使われると思いますが、車内でそのエリアに関する情報収集をしてください。たとえばこんな感じです。

「○○市のなかではどのあたりが賃貸の需要が高いんですか？　逆に客付けしにくいエリアはどこになりますか？」

「戸建て賃貸で人気がある間取りは？　このあたりなら駐車場は何台分必要ですか？」

「このへんで冠水しやすい場所はありますか？」

「1～3月の繁忙期以外でも賃貸の動きはありますか?」
「ペット可の物件では敷金をどれくらいに設定していますか?」
「近くにあると喜ばれる施設は何ですか?」
「敷金・礼金ゼロゼロやフリーレントなど入居が決まりやすい募集条件はありますか?」

などなど。

売買専門の業者だと賃貸需要の質問には答えることができないかもしれませんが、売買・賃貸両方やっている業者なら、いろいろな情報をもらえます。営業マンは来る日も来る日もお客さんと接しているので、当然お客さんのニーズや地域の特性を理解しています。

以前、不動産業者を訪れたときのことですが、その日はいつもお世話になっている営業担当の方とじっくりお話をする時間がありました。その方のお話を聞いていると、「いまのところアパートは客付けが厳しいが、アパートでもメゾネットタイプは問い合わせが多くて客付けが比較的容易」とか、「このエリアでは1～3月の繁忙期に賃貸の需要が急にアップしてその後パッタリなくなるなどの起伏はなく、年間で一定の動きがある」だとか、「地元の人が数年おきに引っ越しをして物件を借りるパターンが多い」など、本を読んでいるだけでは絶対にわからない地域オリジナルの生情報を得ることができます。

会社でも、本社のお偉いさんよりレジ打ちのおばさんのほうが、その地域のお客さんのニーズをつかまえているなんてことがありますよね。ぜひ、日々現場で奮闘しているエンドの営業マンの方から情報を吸い上げられるようになってください。

アヤしい業者の誘いにのってはいけない

ただし、**営業マンによってはミョーな話を吹き込んでくる人もいるので注意が必要**です。私が駆け出しのころ、投資用の戸建てを求めて地元の不動産業者めぐりをしていると、こんな提案をしてくる営業マンがいました。

「住宅ローンを使って投資用物件を買っても大丈夫ですよ。住民票だけ物件に移しておいて郵便物を自分の手元に届くようにしておけば、直接物件に銀行の担当者がやってくることはありませんから銀行にはバレません」

投資目的ではなく居住目的の名目にして住宅ローンを申請すれば、融資が付きにくい地方の物件でも融資を引くことができるでしょう。住宅ローンの金利は低く融資期間も長期ですから、その分キャッシュフローが多く出てウハウハです。

とはいえ、もしこんな話を鵜呑みにして不動産投資を始めてしまったらどうなるでしょう。**バレれば即時一括返済を求められますし、あなたの信用は崩壊します**。もう二度とその銀行とは取引できなくなってしまうかもしれません。

万一最初のうちはバレなかったとしても、不動産投資をしていれば毎年確定申告をすることになります。あとからアパートを購入したくなって銀行に融資の打診をするとしましょう。融資審査の際には銀行に確定申告書や所有物件の評価証明書などを提出することになりますが、ここでアウト。住宅ローンを使って融資を受けていることは完全にバレます。当然、銀行はアパートだろうと何だろうとそんな人には融資をしてくれません。

なぜバレてしまうのかというと、自行の借入でも、他行で行った借入でも、銀行は個人信用情報にアクセスできるので借入の情報はすべて把握できるからです。住宅ローンを使用していればそれも当然わかります。どの物件からいくらの収入があったのかは、確定申告の青色申告決算書や収支内訳書を見れば一発でわかってしまいます。

モラルの面からはもちろん実利の面からも、業者から提案を受けることがあったとしても、戸建て賃貸投資に住宅ローンを使うのは絶対にやめましょう。

激安物件はスピード勝負 ただしやみくもな買付はいけない

物件検索で「これはいいかも」という物件が見つかったら、すぐに問い合わせを

評価証明書

正確には「固定資産評価証明書」という。固定資産税評価額は固定資産税、不動産取得税、登録免許税といった税金の額を算出する際の基準となる。司法書士の登記費用の見積もりをとる際に必要になるので、物件購入時には仲介業者が評価証明書を必ず持ってくる。物件の評価額を知りたい場合は、所有者本人であれば役所で評価証明書を入手可能。評価証明書でなくても固定資産税や不動産取得税の納税通知書には評価額の明細が同封されている。

しましょう。その物件がお宝物件であれば、ここからはスピード勝負です。**メールで問い合わせるなんて悠長なことをやっている場合ではありません。**すぐに業者に電話を入れて内見の予約をとってください。業者の都合がつかず、すぐに内見に同行してもらえない場合には、私はとりあえず住所を聞いて外観だけでも確認しに行きます。そこで買付を入れて、後日内見させてもらうこともあります。

なぜなら、**購入順序は満額の買付であれば買付を入れた順になる**からです。後日の内見時に深刻な瑕疵が見つかったとしたら買付を取り下げることもできます。買付時に出す買付証明書は契約書でも何でもありません。買付を破棄してもペナルティもありません。

ただし、初心者の方にはこの手法はおすすめできません。

私の場合、**買付を入れるのは、特別な瑕疵などが見つからない限りほぼ間違いなく購入すると腹を決めているとき**です。**買付を入れたのにそれをあっさりくつがえすような人は間違いなく業者から嫌われます。**買付を破棄した人には二度と物件を紹介しないという業者もあるでしょう。実は、この外観だけを確認して買付を入れる方法は転売業者がよくやる手なのです。転売業者の動きはそれこそめちゃくちゃ速く、あっという間に物件を自分のものにしていきます。

以前、こんなことがありました。

違約金は売買代金の10～20%。売買契約前の買付の段階であれば取り消すことができると考えるのも非常に危険。その行為は仲介業者の信頼を裏切ることになるので、今後その仲介業者とのおつき合いは望めなくなる。買付を入れる際は、よほどのことがない限り間違いなく購入するというところまで気持ちを固めることが必要。

朝方にパソコンで物件検索していて格安物件を発見。おそらく前日の夜遅くにネットにアップされた物件なのでしょう。すかさず物元の業者に連絡を入れ、内見のアポをとり、その日のうちに内見に向かいました。物件は格安のわりにピッカピカで、価格設定が明らかに間違っているようなお宝物件でした。その場で即、「私、買います、すぐ買付を入れます」と申し出たところ、なんと前の晩のうちにＦＡＸで買付が入っていたというではありませんか。それなら内見前にいってくれよと思いましたが、その物元業者はかなり年配の方が切り盛りしており、内見に向かう少し前のタイミングでＦＡＸに気がついたそうなのです。

ということで、私は二番手。一番手が見送らない限り買えません。

一番手の人は夜半のうちに物件の外観だけを確認して買付を入れたそうです。おそらくシロウトのなかでは私は最速の動きをしたと思います。そうなんです。実はこの一番手は転売業者さん！　彼らはレインズという不動産業者だけが閲覧できる物件サイトで物件の住所を取得できます。それで物元と連絡がとれない夜間でも物件の外観を確認できたというわけです。

安い物件はスピードが命ですが、シロウトが業者にスピードで勝つのはほぼ不可能です。私はこのとき一番手になった転売業者とこのあとも何回か競り合うことになるのですが、いままで一度も勝てたことがありません。

買付を入れる
買付証明書を仲介業者宛てに送る、もしくは直接渡すこと。不動産を購入する意思を表明することをいう。買付証明書を業者の店舗で書いて直接担当者に渡す場合もあれば、内見後少し検討したあとにFAXで送る場合もある。買付証明書に法的な拘束力はないが、買付を入れて売買契約を結べば、そう簡単に契約解除することはできなくなる。もし契約後に購入を破棄すれば契約違反によって違約金が発生する。↗

地方に投資するなら知っておきたいマクロ的な動き

地方の不動産には地方ならではの事情があります。ここでは不動産投資の観点から、今後動きが加速していくと見られているコンパクトシティと、それに連なる都市計画区域の線引きについて見ていきたいと思います。

■市街化調整区域で再建築が認められるかどうか

地方には「市街化区域」と「市街化調整区域」とが線引きされているエリアがあります。物件がどちらの区域に属するか確認を怠ってはいけません。悪くすると再建築不可で建物を建て替えることができなくなり、出口戦略で苦しむことになってしまいます。

市街化調整区域とは、一言でいえば「市街化を抑制する区域」です。自治体による都市基盤の整備も含めて開発行為は原則として行われません。新たに建築物を建てたり、増築することを極力抑える区域です。

市街化調整区域内で中古物件を購入するときは、将来の建て替えが認められるかどうか

が重要なポイントになります。 市街化調整区域では基本的に新しく建物を建てることができないのですが、**購入した中古住宅の建て替えもできないとは限りません。**

これは自治体ごとの判断になるようです。私が投資している千葉県外房エリアの場合は、既存の建物を取り壊し建て替えをする場合には再建築が可となるところが多いようです。

私も市街化調整区域内の物件を持っていますが、再建築は可能です。市街化調整区域内の物件を何戸か見てきましたが、いまのところそれが理由で再建築不可となっている物件にはお目にかかったことがありません。

買ったはいいものの再建築ができないとなれば、売却時に大きなハンデになります。建て替えが可能かどうか必ず業者に確認するようにしましょう。それでも不安な場合は**各市町村の都市計画課や建築課に問い合わせれば再建築可能かどうか教えてくれます。**

しかし再建築可能であったとしても、市街化が抑制されてインフラ整備も期待できないわけですから、当然人が住みやすい住環境になっていくということはありません。私が所有する市街化調整区域内の物件は、現段階では客付けに苦戦しているということはありませんが、やはり長期での物件所有となると難しい面が出てきそうです。

■コンパクトシティと不動産投資

コンパクトシティという言葉を聞いたことがあるでしょうか。これは医療、教育、商業、居住、交通などの街の主要機能をある地点に集約し、そこでの交通手段も徒歩、バス、電車を中心とする、文字どおり街をコンパクト化する都市政策です。すでに取り組んでいる自治体もあり、今後はこの動きが広がっていくと見られています。

コンパクトシティが求められるようになった理由は大きく2つあります。

1つ目は日本が世界一の高齢社会だからです。地方はいわずと知れた車社会。加齢によって車に乗れなくなった方は買い物はおろか病院に行くことすらままならなくなってしまいますが、街の主要機能を集約し、そのエリアに住んでもらえれば高齢者の日常生活がスムーズになります。

2つ目の理由は人口減少が深刻化していること。とくに地方の人口減少は顕著で、人が少なくなったエリアを管理する行政は大変です。人口減少で税収は少なくなるけれども、管理に要するコストに変化はありません。目減りしていく税収のなか、広範な地域をいままでどおり管理したり整備し続けることは困難になっていきます。コンパクトシティによって管理するエリアを縮小できれば管理コストの圧縮が望めるというわけです。

先ほどの市街化区域、市街化調整区域も、市街化を進める区域と市街化を抑制する区域を分けるコンパクトシティの考えに基づいて行われている政策です。

このような政策的な動きが不動産投資にどのような影響を及ぼすのかといえば、**人が集まる地域と集まらない地域の差がいままで以上に拡大していく**ことが考えられます。人が集まる地域では賃貸需要が手堅く安定した家賃収入を得られますが、人が集まらない地域では賃貸需要の減少で家賃の下落、不動産価格の下落が起こり、勝者と敗者の色分けが進みます。地方物件への投資では、投資エリアの選定がいままで以上に重要になっていきそうです。少なくとも現況で賃貸のニーズがあることはもとより、流動性がある物件に投資することが、この一連の流れへの対策になるのではないかと思います。

流動性
資産の換金しやすさの程度のこと。一般に不動産は流動性が低い資産で、株や債券などは流動性が高い資産となる。株や債券はマーケットで売りたいときに売れるが、不動産は買い手が見つからなければ売れないため換金するのにどうしても時間がかかってしまう。物件にもよるので一概にはいえないが、不動産のなかでもRCマンションやアパートなど高額物件は流動性が低く、物件価格が安い戸建てや区分所有マンションは流動性が高くなる傾向がある。低額物件と高額物件では購入できる人の数が違うため。

第4章

戸建て投資家が内見前・内見時に必ずチェックすること

ネットでできることはネットで済ませる

内見に出かける前にやっておきたいことがいろいろあります。

まず、物件の住所の確認です。これは業者に問い合わせればすぐにわかります。そしてPCのグーグルマップで物件周辺の状況をチェックします。グーグルマップの機能、ストリートビューを使って写真で現地確認できるエリアがどんどん拡大しています。数年前は地方ではストリートビューが未対応のところが多かったのですが、最近ではちょっとくらいの田舎ならバッチリ使えるようになっています。

マップを使って必ず確認したいのは、**スーパーなどの買い物施設が近くにあるか、学校が近隣にあるかどうか**ということ。**これらの施設が戸建て物件のそばにあることは、客付けでかなりの強調ポイント**になります。戸建て賃貸のターゲットはファミリー層ですからやはり外すことができません。

物件調査に使えるサイト

ホームズの「見える！賃貸経営」

第1章でエリアごとの空室率をチェックできるサイトとしてご紹介しました。「見える！賃貸経営」では、それ以外にも不動産投資で有用な情報を引っ張ってくることができるので非常に便利です。確認できるのは主に次の4つです。

人口数と人口の増減

知っているエリアでもあらためて数字で見ると、「よく車で通るあの地域は、最近幹線道路沿いにお店がいっぱいできているけど、実は人口自体は減っているんだな」など新たな発見があるものです。当然、人口が減少している地域での物件購入は慎重に行う必要があります。

賃貸住宅の空室率

空室率を見ることで賃貸需要のおおよそがわかります。空室率が高いエリアの物件を避けられるならばそれに越したことはありませんが、実は**私が所有している物件の1つは空室率が45%のエリアにあります。**

45%なんて、半分近くが空室なわけですから、ちょっとヒイてしまうくらい高いです。この数字だけを見たら、とても賃貸が決まる気がしないでしょう。しかしこの物件、募集から1週間程度で入居が決まりました。なぜこのようなことが起こるのでしょうか。

理由は3つあります。1つ目は、**そのエリアのなかでも人気のエリア、不人気のエリアがあること。**2つ目は、**見える！賃貸経営で表示される空室率はマンション、アパート、戸建てなどの賃貸物件を合わせての数字なので、物件の種類によって需要の濃淡があること。**3つ目は、**そのエリアで募集中のほかの物件はほとんど手が入っておらずクオリティが低すぎること。**

以上の理由から空室率が45%という重すぎる数字のエリアでも客付けができています。高い空室率が表示されたとしても、「ここではゼッタイ無理！　お客さんがいない！」と一概に決めつけることはできません。

✎地価

おおまかにその地域の地価を把握できます。ここで確認できるのは、あくまで**街の平均の地価**です。狙っている物件の個別の地価を調べるときには、後述する「全国地価マップ」を使います。

家賃相場

1Rや1LDKなど間取りごとの家賃相場がわかります。間取りごとの家賃相場ですので、戸建てやアパートなど物件の種類では区別されていません。戸建てとアパートでは賃料に差があるので、戸建て物件を探す人にはそれほど参考にはならないかもしれません。家賃相場は同じくらいのスペックの物件がいくらで募集されているのかをネットで確認したうえで、地場業者へヒアリングを行ってつかむようにしましょう。

■全国地価マップ

このサイトを見れば、固定資産税路線価、相続税路線価、地価がわかります。その名のとおり、固定資産税路線価は固定資産税を、相続税路線価は相続税を算出するときに用いられる評価額です。

相続税路線価は地価の8割程度、固定資産税路線価は地価の7割程度の価格になります。**実際の土地取引のときに指標になるのは地価で、地価×土地の広さ（平米）で土地の価格を求めます。**

「全国地価マップ」を利用すれば、目をつけている物件の土地の価値がいくらなのかがわかります。私は、基本的に地価よりも賃貸物件としての収益性を重視していますが、融資を引いてくる際にはその物件に担保価値があるかどうかは重要なので地価も必ず確認する

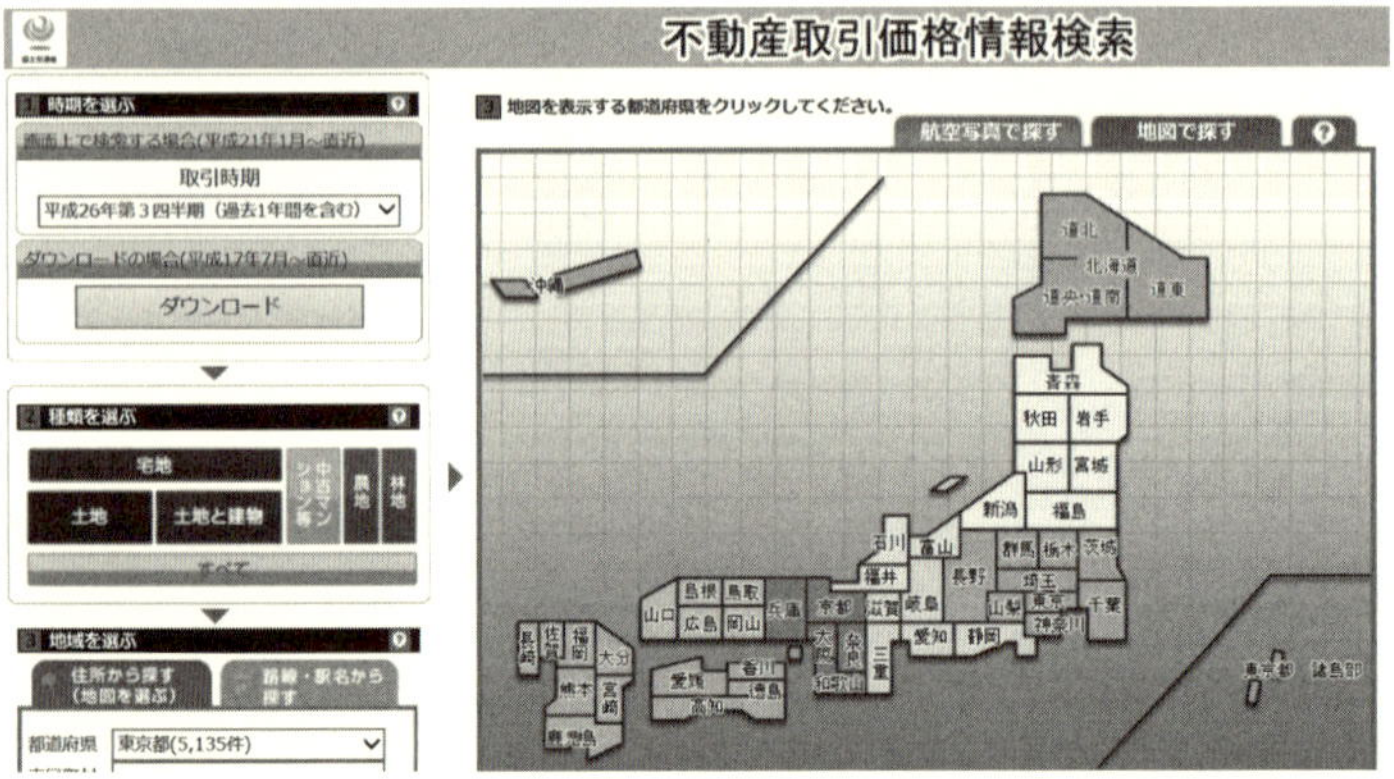

レインズを見られない一般の不動産投資家の強い味方。狙っているエリアの取引事例は必ず確認しておきたい。

ようにしています。

■土地総合情報システム

不動産に決まった価格はありませんから、仲介業者から物件を紹介してもらっても高いのか安いのか、その判断はシロウトにはなかなか難しいものです。売りに出ている物件の価格は不動産ポータルサイトを見ればわかりますが、実際の取引では指値が入ったりしますので、必ずその価格で売買されているとは限りません。過去の取引事例を閲覧できるサイトが、国土交通省が運営する「土地総合情報システム」です（業者は「レインズ」で取引事例を確認できますが、レインズは不動産業者以外は利用することができません）。

私は**はじめて物件を購入するエリアの場合には、必ず「土地総合情報システム」で過去**

の取引事例を確認しています。自分が購入しようとしている物件が相場よりも割安なのかどうか判断の材料にしています。

このサイトの「不動産取引価格情報検索」では、「土地」「土地と建物」「中古マンション等」を1つずつ選択、それぞれエリアを選択して各年度の取引事例を閲覧します。「不動産取引価格情報」のページでは、所在地、取引総額、建築年、建物の構造、土地・建物の面積、前面道路の種類・方位・幅員、取引時期などを確認することができます。

購入しようとしている物件の近隣エリアの取引事例と比較することができるわけですが、もちろんこれらの情報だけで判断できるものではありません。同じスペックの物件であってもメンテナンスがまったくなおざりでリフォームに多額の費用がかかる場合などもあります。「土地総合情報システム」は、判断材料の1つとして用いる分にはとても有用なサイトだと思います。

■大島てる

自殺、他殺などがあった、いわゆる事故物件は告知義務があるので、物件購入時には不動産業者から知らされることになります。しかし、**物件の隣家や近所にそのような事故物件がある場合には告知義務がないので購入者には知らされないことが一般的**です。凄惨な事件・事故があった場合、その周囲の物件にも影響が及ぶ可能性があります。

「大島てる」は「事故物件公示サイト」とうたっており、自殺、他殺、事故があった物件の住所や、事件・事故の状況などが示されています。物件を調査する際には念には念を入れて、周囲にそのような事故物件がないかどうか一度チェックしておくことをおすすめします。

ハザードマップの入手を忘れずに

続いて、ハザードマップで浸水、冠水の危険エリアでないか、崖崩れのおそれがあるエリアでないかをチェックしましょう。**ハザードマップは物件所在地の役所のホームページからアクセスできますし、「○○市　ハザードマップ」で検索しても出てきます。**

地方には冠水しやすい場所がたくさんあるので、ハザードマップは必ずチェックしておきたいところです。近年、ゲリラ豪雨や台風の被害が拡大傾向にあるのはご存じのとおりで、ゲリラ豪雨の発生件数は10年前より35％、20年前より50％増加、台風も年々巨大化しているそうです。地球温暖化により日本近海の海水温が上昇しているためで、それまで台風は日本を北上するにつれ低い海水温によって冷やされ勢力が徐々に弱まっていたのですが、近年の台風は日本近海の水温が高いため勢力があまり衰えることなく北上してくるといわれています。

何年か前に台風がやってきたとき、私の住む地域では夜半から朝方にかけてかなりの大雨が降りました。私は会社に行くとき車で田んぼ道を通って通勤しているのですが、そのときはいつも通っている道が見当たりません。そこはまるで湖のようになっていて、道が完全に水没していたのです。取引先の営業所も浸水して、その日は仕事にならなかったそうです。地方では比較的都市化されているエリアでも冠水の危険性があるので注意が必要です。

ハザードマップには「津波浸水予測図」もあります。私の物件の1つは海まで徒歩5分という立地にあります。ハザードマップの津波浸水予測図でも浸水危険エリアとして色分けされている場所です。任意売却でかなり安く購入できそうだったということでこの物件を取得しましたが、海が近すぎて一般の人は二の足を踏んでしまって借り手は付きづらいだろう、借りてくれるとしたらサーファーか釣り人か、いずれにしても今回は客付けが難しそうだと思い描いていました。

ところが、募集から1週間後にあっさり入居決定。しかもサーファーでも釣り人でもなく、入居いただいたのは普通のファミリーでした。このあと私の友人はさらに海寄りの場所に物件を購入したのですが、そこも1週間程度で客付けできたそうです。津波のおそろしさはあらためていうまでもありませんが、こと戸建て賃貸に限っていえば海に近いからダメということには必ずしもならないようです。

内見は物件に着く前から始まっている

　ここでは、不動産業者と一緒に車でお目当ての物件に向かっている場面をイメージしてください。

　チェックは物件に向かう道中から始まっています。地方では車が1台しか通れないような道幅が狭い土地がたくさんあります。ある物件の内見に出かけたときのことです。その物件の周囲の道は細く、車は1台分しか通れませんでした。細道を走っていたところ、そこに対向車が無理やり一本道に入ってきたのです。その車は強引に私の横を過ぎていこうとして、ガリッとサイドミラーをやられてしまいました。そんなところで毎日の生活を送りたいと思う人はあまりいませんよね。**周辺地域の道幅のチェック、これは必須**です。

　物件に到着したときにアンテナを立ててほしいのは、住宅地の雰囲気がどうかということ。近隣に空き家が多かったりして何となく薄暗い雰囲気が漂っていないでしょうか？
　地方では空き家が多く、基本的に空き家はメンテナンスされていないので廃墟のようになっていることがあります。そのような空き家が点在している住宅地は景観が悪く、入居付けに苦労することになります。

私の所有する物件でこんなことがありました。賃貸募集をしているとき内見は数回あったのですが、なかなか申し込みには至りません。私は仲介業者に頼んで、ダメと判断した理由をお客さんに聞いてもらっていたのですが、そのなかのお一人が物件の裏にある空き家がオバケ屋敷みたいでこわいとおっしゃっていたそうです。物件自体はよかったとしても、住宅地の雰囲気がイマイチだと評点は確実に下がります。あくまで**「これなら自分でも住める」雰囲気の住宅地の物件を探しましょう**。

そしてもう1つ、**物件周囲のにおいにも十分気をつけるようにしてください**。

地方では養鶏場や養豚場はよく見かける施設です。これらの近所ではにおいがかなりキツい。私は以前、養鶏場の近くに住んでいたことがありますが、夏場は網戸を開けていると何ともいえないにおいが入ってきました。

内見に行って「アレっ！　施設の近くでも意外とにおわないじゃん」と安心してはいけません。においは風向きに左右されることがあるので、近くに養鶏場や養豚場がある場合は何回かチェックしに行くことをおすすめします。ちなみに夏場の雨上がり時などはよりにおいがキツくなるそうです。

理想は2台分の駐車場確保できないときはどうすればいい？

次のチェックポイントは、**地方の物件では必要にして欠かすことのできない駐車場**です。**地方では基本的に駐車場は2台分必要**です。1台でも入居が付かないこともありませんが、戸建ての大切なターゲットはファミリーと何度も述べてきました。想像してみてください。お父さんは車で仕事に出かけます。お母さんも子どもの送り迎えに車を使ったり、パート先に向かったり、買い物に出かけたりします。地方では駐車場を2台分必要とするファミリーが多いです。駐車場が1台分しかない場合も、庭に手を入れてスペースを確保できたり、ブロック塀を多少壊して駐車場を確保できる場合はOKです。これらは駐車場を造作するのにさほどお金がかかりません。一方スペースがあっても段差がかなりある場合には、段差調整で出費を強いられるので避けたほうが無難でしょう。

どうしても駐車場を2台分確保できない場合は、近隣に駐車場がないか確認します。**見つからなかったら空き地でもOK**です。空き地には管理会社の看板が立っています。**電話を入れて駐車場として利用できないか問い合わせてみましょう。**私が物件を持っている地域では月2000〜3000円で借りられる場合が多いです。

それでも駐車場を確保できない場合には生活保護受給者の方をターゲットにするという方法もあります。

生活保護受給者の方は車を所有できないので駐車場が必要ありません。一方で生活保護受給者の方の賃料には制限があります。たとえばシングルであれば3〜4万円、ファミリーであれば人数にもよりますが、だいたい4〜6万円（地域により基準値に差があります）。それ以上の賃料はいただけないということです。

このやり方でいくなら、制限内の賃料で十分な利益が出る物件を仕込む必要があります。そして、ほぼ生活保護受給者しかターゲットにできないので空室期間が長期にわたる可能性がありますし、駐車場がないことで売却時に苦労させられることも考えられます。やはり、この場合には十分に安い価格で物件を仕入れることがマストの条件になりそうです。

■あとになって「建て替えできない！」じゃシャレにならない

続いて接道状況のチェックです。物件の前面道路はしっかり4メートルの幅がありますか？　なければセットバックといって、建て替えるときに前面道路が4メートルになるように敷地を後退させる必要があります。建築基準法では、**幅員4メートル以上の道路に土地が2メートル以上接している敷地でなければ原則として建物を建てられない**と明記しています。

接道状況とセットバック

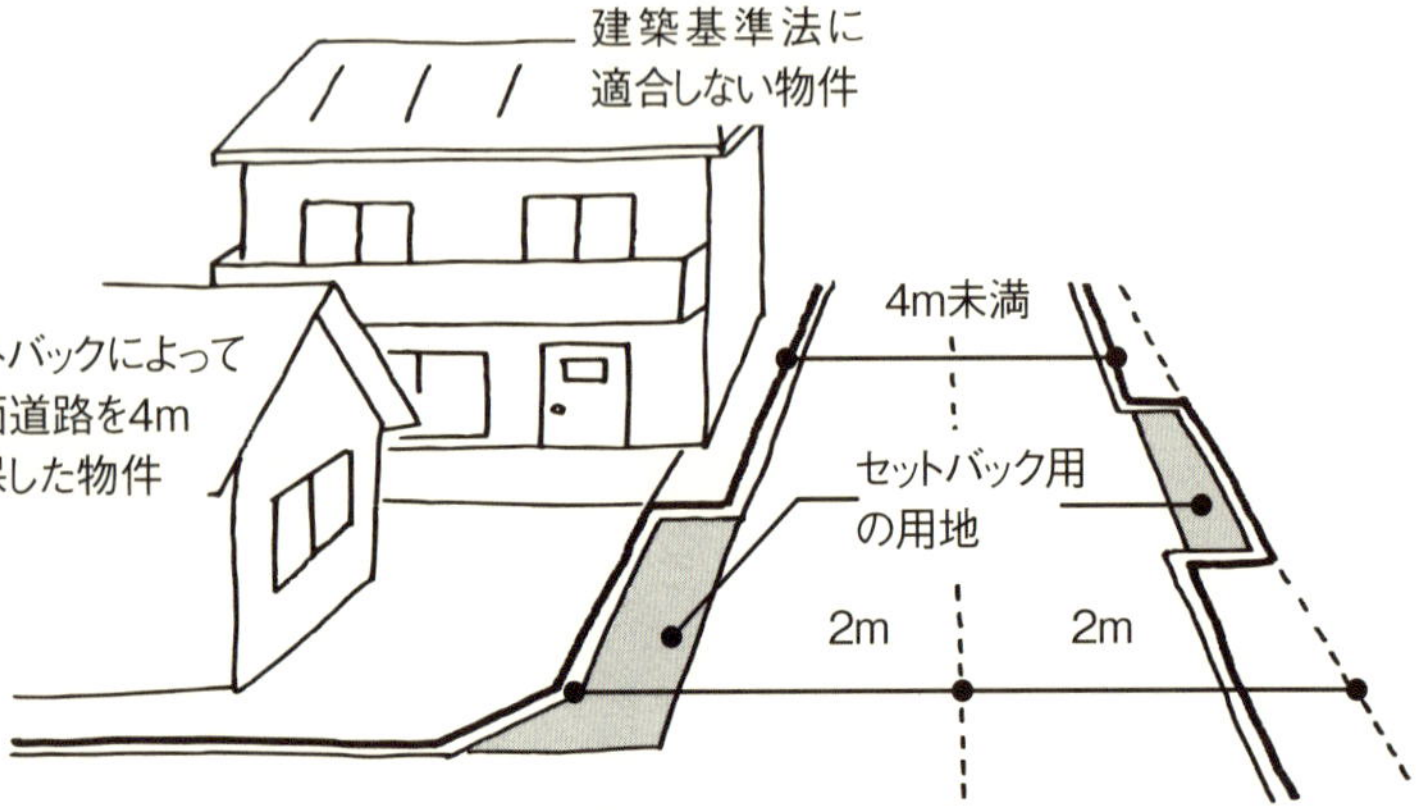

地方の道は意外と狭いことが多いので、図のようなセットバックの物件はよく見かけます。前面道路が建築基準法の条件を満たしていないということで再建築不可となっている物件もあります。再建築不可やセットバック要の場合には仲介業者が説明してくれますし、ネットの物件情報にも記載されていることが多いのですが、念のため確認は怠らないようにしましょう。

接道状況をチェックしたあとは、**隣地との境界も確認します**。基本的には境界杭が突き刺さっているので、それで境界の確認ができます。境界が確定されていない場合は測量士に測量を依頼し、隣接する土地の所有者に立ち会ってもらって合意を得る必要があります。費用も手間もかかりますが、境界が不明瞭のままでは後々トラブルになる可能性もありますから、この分は必要経費として織り込んでおくしかありません。

リフォームで一番の金食い虫は外壁の修繕

続いて建物のチェックに移ります。

まず外観を観察しましょう。外壁が色あせていたり、苔だらけになっていたりしませんか？外壁のコーキング部分も確認しておきましょう。コーキング（壁面のつなぎ目、窓枠の周囲、部材の接ぎ目などの小さな隙間を目地材でふさぐこと）がボロボロになっていればそこから浸水してくる可能性があります。３００～４００万円の物件を買うとなれば、ほとんどが築20年以上になるはずです。**築20年以上で一度も外壁塗装をしていなければ、購入後に外壁塗装が必要になる可能性があります。**いつまでも外壁塗装をしないで放置していると外壁から雨水が侵入して雨漏りを起こします。いままで数多くの戸建てを内見してきましたが、**雨漏りの原因で一番多かったのが外壁塗装の劣化**です。雨漏りを放置しているると今度はシロアリがわいてきます。

外壁塗装が必要になると、そのコストはリフォーム費用にプラス50～80万円程度。屋根の塗装が必要な場合はさらにコストがかさんで高額な出費を覚悟しないといけません。逆にいえば**外壁のリフォームが必要なければかなり修繕コストを安くあげることもできます**。

なお、外壁塗装はしたけれど、少しでもリフォームコストを抑えたいからということで屋根の塗装を省略してしまうのは間違いです。外壁塗装は基本的に足場を組んで行います。足場を組むのには20万円程度のお金がかかります。屋根の塗装を別の機会に譲ってしまうと、再度足場を組まなければいけなくなってまたしても20万円が出ていってしまうのです。**外壁塗装をするのであれば屋根も一緒にやってしまうのが得策**です。

余談になりますが、私の友人が購入した戸建てにはエコキュートが付いていました。エコキュートとは大気熱を利用して少ない電気でお湯を沸かすことができる電気式の給湯器です。友人もプラスアルファの設備が付いていたので最初は喜んでいたのですが、エコキュートの寿命はだいたい10年くらいといわれています。このエコキュートはすでに設置から10年が経過していました。購入前には動作確認もしていません。

友人の物件に付いていたエコキュートはすでに製造中止になっている型番で、壊れても交換する部品がなかったそうです。壊れてしまえば新たにエコキュートを付けなければいけないわけですが、その費用は当時で約60万円。入居者は喜ぶかもしれませんが、そのお金は当然私たち大家持ちです。友人はプロパンガスに切り替えて、エコキュートはリサイクル業者に引き取ってもらったそうです。

水回りのコンディションも物件取得後のお金回りを大きく左右する

物件のなかを見ていきましょう。

私がまずチェックするのは水回りです。**キッチンやお風呂、これらの設備の損耗が激しく交換が必要な場合には多額のリフォーム費用がかかります。**キッチンは少なめに見ても30万円、浴槽のユニットバス交換の場合には50万円は覚悟したほうがいいかもしれません。

トイレは便器の交換くらいであればそれほどかかりませんが、排水が汲み取り（俗にいうボットン便所）の場合には、浄化槽や下水にしなければ入居者が寄りつかないということもあり得ます。

浄化槽に換える場合は低めに見積もっても60万円はかかります。居住用では市町村から補助金が出ることもありますが、基本的に投資用の物件には適用されません。前面道路に下水が通っている場合も接続費用に30～40万円はかかります。

浄化槽には、浄化槽で処理した水を地面に浸透させるタイプと側溝に流すタイプのものがありますが、業者の話では側溝に流すタイプのほうがいいとのこと。浸透式は10年程度で目詰まりを起こすことがその理由だそうですが、側溝に流すタイプの浄化槽でもブロワやポンプが壊れたりすれば費用がかかりますし、定期的なメンテナンスも必要になります。

結局のところ、**圧倒的にいいのは下水**です。

排水設備の優先順位はこんな感じになります。

下水 ＞ 浄化槽（側溝） ＞ 浄化槽（浸透式） ＞ 汲み取り

さしあたって水回りや外壁のリフォームが必要ないのであれば、それほどリフォームコストがかさむことはありません。壁や床が汚れているような物件はいくつもありますが、壁紙交換や畳の表替え、クッションフロアに張り替えるなどの対応でかなりキレイになります。

井戸水の戸建ては案外多い その問題点は？

上水道に関しても確認しておきましょう。

地方の戸建てでは井戸水物件が珍しくありません。井戸水の何が問題なのかというと、**井戸水はポンプで汲み上げている**こと。

以前こんなことがありました。もう年の瀬が押し迫っている12月末。管理会社の方から1本の電話がかかってきました。いつも明るく快活な管理会社の担当者さんは、そのときはミョーに深刻な様子でした。私が所有している2戸1の物件（78ページ）の入居者さん2組から同時にクレームが入ってきたというのです。

水が出ない！と。

この物件は井戸水を利用していて、水を汲み上げるポンプが故障してしまったようです。担当者さんは私に連絡する前にかたっぱしから電話で修理業者に当たったそうですが、年末休暇に入っていてどこの業者とも連絡がつきません。唯一連絡がついた業者もパーツの在庫がなく、発注してから修理できるまでに1週間かかってしまうそうです。どうしようか？　2人で途方に暮れていました。1週間も水が出ないなんて、そんな生活は考えられません。

私も管理会社の方と一緒になって修理をやってくれる業者がないかネットで探し回っていたそのとき、普段お世話になっているリフォーム会社の担当者から電話が入りました。そのリフォーム会社の方がつき合いのある業者に無理を承知で頼んでくれて、すぐに修理してもらえることになったのです。このときの修繕にかかった費用は16万円。この物件は深井戸だったこともあって、ポンプの修繕代は高くつきました。

そして井戸水のもう1つの問題点は、有害物質が検出される場合があることです。井戸水は塩素消毒されておらず、カルキ臭がすることもないのでおいしい水を味わえるのですが、**水質によっては除菌器や浄水器が必要になってくる場合もあります**。

私は以前、共同出資でアパートを購入したことがあるのですが、そのアパートの水が井戸水でした。水質検査をしたところ、井戸水から飲料に適さない物質が検出されたので、それを取り除く浄水器を設置しなければいけないことになったのです。そのときのコストは十数万円でした。

自然の恵みを享受できる井戸とはいっても、それにはいろいろなコストがかかるということです。もちろんデメリットばかりではなく、井戸水は無料で使い放題なので入居者に喜ばれる面もあります。

いずれにしても地方で戸建て物件を購入する際には、水は井戸水かそうでないかをチェック、井戸水の場合にはポンプや水質に問題がないか最低限確認しておく必要があります。

雨漏り、シロアリ、傾き……後悔先に立たず

もう1つ大事なチェックポイントがあります。

それは**雨漏り**。室内の壁や天井にシミのような跡がありませんか？

そのシミは雨漏りのサインです。

外壁塗装やコーキングの劣化による浸水での雨漏りが多いのですが、原因不明の雨漏りもあります。原因究明と問題解決までに思いもよらない費用がかかってしまうこともありますので、**雨漏りが疑われる場合には購入前に原因を突き止めておくことが必須**です。

そしてシロアリのチェックをしてください。私は必ず**トイレドアや浴室ドアのドア枠を確認します**。この部分がよくシロアリに食われるからです。ドア枠の下

壁や天井にシミのような跡があったら要注意。その跡が雨漏りによるものであるかどうか必ず確認したい。

のほうを押してみると、シロアリに食われている場合にはなかが空洞になっているので「パキッ」とイヤな音がします。

また、**床鳴りが激しい場合にもシロアリが潜んでいる可能性が高い**です。購入前に仲介業者にお願いして、シロアリ業者に床下に潜ってもらい確認してもらいましょう。シロアリ検査は基本的に無料で、通常であればすぐに手配してもらえるはずです。

ですが、私は以前こんなことがありました。

価格が100万円台の物件の内見をしたときに雨漏りを見つけたので、「念のためシロアリの有無を確認してください」と仲介業者にお願いしたのですが、**「そういったことも織り込み済みの値段なので……」**と、つれなく返されてしまいました。極端に物件価格が安いとシロアリ検査すらしてもらえないことがあるようです。その場合は自分で業者を手配して検査してもらうしかありません。

シロアリが見つかった場合、被害の程度にもよりますが建物の耐久性はかなり落ちています。それでも購入すると腹を決めたのなら、当然それを理由に指値を入れることになります。ちなみに、シロアリ駆除の料金は戸建ての場合はおおよそ10万円程度です。

■傾いている物件をどうにかするのはハードルが高すぎる

建物の傾きも確認してください。

建物が傾いていると、戸の開け閉めの不具合や隙間風といった問題が起こります。それくらいでしたらまだ軽微なものですが、人体にも悪影響が及びます。平衡感覚を司る三半規管に障害が発生し、頭痛やめまい、吐き気などの健康障害が生じることがあるといわれています。

建物の傾きを修繕するとなったらジャッキアップなどで家そのものを持ち上げることになりますが、その場合には100万円以上の出費を覚悟しなければいけなくなります。傾きがあっても相場より安い賃料なら客付けできるという声もあるようですが、私は**傾きがある物件には間違っても手を出さないようにしています。**

内見時に扉や窓など複数の建具がミョーに開きづらければ傾きが生じている可能性があります。建物基礎部分や外壁にヒビがある場合も要注意です。

一番簡単で確実なのは内見時に水平器を持っていくことです。水平器は安いものなら300円程度でホームセンターで購入できます。物件内覧時には持参するようにしましょう。忘れてしまった場合でもスマホには水平器のアプリがあるので、簡易的にはなるもののそれで代替することもできます。

売却理由は指値の行方を握る

内見時に必ず確認しておきたいことがもう1つあります。

それは**売主さんの売却理由**。その売却理由によって値下げが可能かどうか推し量ることができます。

これまでの経験から、「これは値下げできそうだ」と思える売却理由は大きく2パターンあります。

まず1つ目は**相続物件**。相続物件は売主さんが速やかに売りたがっているケースが多いです。できるだけ早く現金化して親族で分配したいのでしょう。売主が物件の遠方に住んでいると、物件の相場がわからず価格設定が業者任せとなることもあるようです。私は6戸目に購入した戸建てが相続物件でした。

2つ目は、111ページで取り上げた**任意売却物件**です。競売間近の任意売却物件は指値が効きやすいです。**競売になれば多額の費用がかかってしまいますし、いくらで売れるのかもわからないので競売は何とか避けたいというのが債権者の心理**です。

私の3戸目の物件がこのパターンで、そのときは380万円で売りに出ていたのを250万円で買付を入れました。仲介業者も驚きの130万円の指値というわけですが、これが通ってしまいました。一番の理由は**この物件が競売に流れる寸前だったから**です。

一方で、ネットに掲載されて間もない任意売却物件にもハードな指値をして買付を入れたことがありますが、それは軽くはじかれてしまいました。仲介業者も「まだ掲載したばかりなので……」という反応で、そのときは交渉のテーブルにつくこともできませんでした。

第5章

"買える"
戸建て投資家になる!

通る買付、はじかれる買付

ここまで説明してきたステップを踏んできて、よい物件にめぐり会えたとします。もうすでにチェック済みだと思いますが、あらためて購入予定の物件と同じエリアで、同じような スペックの物件がいくらで賃貸募集されているのかネットで確認してください。近隣の不動産業者にも問い合わせてみましょう。家賃相場を再確認します。

ここで注意点が1つ。それは、**あまり近隣の不動産業者の意見を鵜呑みにしてはいけない**ということ。

以前こんなことがありました。

物件を購入したものの、そこははじめてのエリアで相場を正確につかみきれていませんでした。そのエリアは不動産ポータルサイトの物件掲載数も少なく（とくに戸建ては顕著でした）、賃料相場がわかりにくかったのです。そこで家賃相場と賃貸需要について物件の周辺業者へ電話で問い合わせを入れました。

私「おうかがいします。○○市○○の3LDKで土地40坪、築○○年、内装、外装リフォーム済みの戸建て物件なのですが、いくらくらいで貸せそうですか？」

業者「う〜ん、ウチで管理している同じ程度の物件を5万円で募集していますが、なかなか賃貸が付かないんです。けっこう厳しいですよ」

ほかにも数社問い合わせをしましたが同じような反応です。業者の言い分では、戸建てとはいえそのエリアでは需要が少なく賃料は5万円が限界とのこと。ですが、フタを開けてみると、この物件を5万8000円で募集したところ、3カ月と少し時間はかかりましたが入居を決めることができました。業者の言い値で募集していたら賃料を毎月8000円取りはぐれるところでした。

業者は、賃貸の募集をかけたのに決まらなければ大家からクレームを受けるリスクを負っています。大家から問い合わせを受けたときに、「想定されているよりも高い賃料で決まると思いますよ」なんてうかつに口にしてしまうと、「あのときは決まるっていったじゃないですか！」ということになりかねないわけです。

業者が客付けによって獲得できるのは仲介手数料と家賃1カ月分の広告費（私が投資しているエリアの場合。地域によって異なります）。5万8000円と5万円では8000円の差がありますが、それくらいの差額なら早く決めて現金収入を確実にしたい気持ちのほうが強いようですので、**業者は相場よりも少し低めの賃料を提案してくることが多い**のです。

こういった注意点を踏まえつつ賃料相場を再確認できたら次に簡単なシミュレーションをしていきます。

たとえば売値が350万円で、リフォームに100万円の費用がかかりそうだとします。仲介手数料は17万円、登記費用は10万円とします（ここではそれ以外の初期費用は除外します）。

賃料相場が5万円の場合は、（5万円×12カ月）÷（350万円＋100万円＋17万円＋10万円）×100で、実質の利回りはおおよそ12・5%。

このとき、自分の基準が実質利回りで15%近くはほしい、だとしたら、そのときは指値で280万円で買付を入れます。（5万円×12カ月）÷（280万円＋100万円＋14万円＋10万円）×100＝14・8%。

当然、もともとの売値が280万円であれば指値を入れる必要はありません。それ以下の売値であれば買い上がりだって検討してもいいと思います。

売値が350万円なら280万円の指値は70万円もの値引き要求になりますから、売主が相当売り急いでいるなどの事情がない限りは買付が通る可能性は低いでしょう。これまで述べてきたとおり、私が購入している価格帯の戸建て物件なら30万円以下の指値は通りやすいという経験則を持っています。

買い上がり

売りに出ている物件価格よりも高い値段で買付を入れること。あまりにも競争相手が多い場合は満額で買付を入れても通らないケースがあるが、そんなときは買い上がりで売値よりも高い値段で買付を入れると購入できることがある。ちなみに私はいままで一度も買い上がりをしたことはない。安い物件はスピード勝負なので買い上がりよりもスピーディに満額の買付を入れるほうが効果的。業者は基本的に一番手のお客さんを優先する。

「指値が当たり前」ではいけない

ここで忘れてはいけないのが、自分の購入基準をしっかり持って、その購入基準を満たしているのであれば**指値を控えることも1つの手**ということです。

むやみな指値は仲介業者に嫌われてしまうと述べました。希望に沿った物件を紹介しているのに、指値ばかり入れてくる人には業者もいい印象を持つはずがありませんよね。優秀な仲介業者は大家にとって宝です。**優秀な業者はこれからもよい物件を供給してくれるのですから、戸建て物件1つと比べることなんてできません。**

指値を入れると決めた場合には、必ず買付証明書に「なぜその値段で買付を入れるのか」を書き入れるようにします。「残置物撤去費用として○○万円、ペットが破損させたと思われる建具の修繕に○○万円かかると思われるので○○万円で買付を入れさせていただきました」といった具合です。

理由が具体的に記載されていれば仲介業者が売主に報告するときにも、「……と……を理由として値下げ交渉されているのですが、どうしますか？」と、**なぜ値下げ交渉なのかを説明しやすくなります。**指値の数字だけで買付を入れた場合には、「○○万円で値下げ交渉されているのですが、どうしますか？」とワンクッション入れることができませんから、仲介業者も気まずいでしょうし売主も印象がよくないでしょう。場合によっては**仲介業者が買付証明書を破棄してしまい、売主に届かないこともある**そうです。

指値の副作用はほかにもあります。

駆け出しのころに1８０万円の戸建てを紹介してもらったときのことです。かなり辺ぴなエリアでしたが駅まで徒歩5分、しかも目の前が小学校という立地でした。地場の業者にいくらで賃貸に出せるかヒアリングしたところ、「最近、ちょうどその近くの似たような物件が5万円で賃貸が付いた」といいます。それなりの築古物件だったのでリフォームで1００万円はかかりそうでしたが、実質利回りで20％以上で回りそうなお買い得物件でした。

そのとき私は指値1５０万円で買付を入れましたが、結果的に買うことができませんでした。私のすぐあとに買付を入れた人がいて、その人は満額の1８０万円でオファーしていたのです。**順番でいえば私のほうが優先だったのですが、このように指値が入っていればそれも簡単にひっくり返されます。**

奪い合いになりそうな物件に指値を入れて買付を出してもまず通ることはありません。**自分の購入基準を十分に満たす物件が見つかったときには迷わず満額で買付を入れる**必要があります。

おつき合いすべきは公庫の優秀な担当者

ここでは、全額現金ではなく融資を引いて買付を入れるケースについてお話しします。

その場合は、まず仲介業者に融資を引いて購入する旨をしっかり伝えてください。このとき融資実行までに少なくとも1カ月はかかることも伝えましょう。**地方戸建て賃貸に融資を引く場合は日本政策金融公庫に打診することが多くなる**はずです。

地方物件の担保価値は低いので民間銀行はなかなか融資してくれません。私も地方銀行に相談に行ったことがありますが、こちらの話を聞くのは不承ぶしょうという感じでした。銀行がお金を貸すときにかかる手間と時間は300万円でも1000万円でも変わりません。**彼らにしてみると担保価値が低いうえに300万円の融資では面白みがない**のでしょうね。

少し古いデータですが、こんな統計結果があります。

担保価値

銀行からお金を借りる際には不動産を担保にすることができる。銀行は不動産に抵当権を設定することでお金を貸してくれる。不動産を担保とする場合、積算評価が高い物件が担保価値の高い物件となり、それに見合ったお金を借りることができる。地方の木造築古戸建て・アパートは積算評価が低く担保価値が低い物件となり、融資審査が厳しくなる。

融資先企業数と1企業あたりの平均融資残高

（平成22年度末）

	公庫の国民生活事業	信用金庫計（271金庫）	国内銀行計（144行）
融資先企業数	103万企業	118万企業	216万企業
1企業あたりの平均融資残高	**634万円**	**3,512万円**	**8,109万円**

出所：日本政策金融公庫資料

◉公庫の1企業あたりの融資残高の平均は約600万円
◉信用金庫の1企業あたりの融資残高の平均は約3500万円
◉銀行の1企業あたりの融資残高の平均は約8000万円

この統計を見ると民間銀行が地方戸建て物件に融資したがらないのも納得がいきます。やはり公庫に打診することになるでしょう。

ここで1つ注意してもらいたいことがあります。それは、仲介業者の営業マンが日本政策金融公庫を知らないことがたまにあるということ。とくにマイホームなど実需向けに物件を扱っている業者は詳しくないようですので、「この物件は融資が付きませんね。現金じゃないと無理です」なんていわれてしまう可能性があります。そんなときには、公庫であれば地方戸建て物件にも融資してくれることをこちらからしっかり説明する必要があります。

「属性」で尻込みすることはない

融資を受ける場合には属性が評価基準の1つとなります。属性というのは、たとえばサラリーマンなら収入はいくらか、安定的な会社に勤めているか、勤続年数は何年かといったことです。

属性がよい人は融資を受けやすく、金利や融資期間などの条件面でも優遇されます。属性がもう一つ——年収が低かったり、不安定な職業に就いていたり、転職して間もなかったりすると、融資してもらえなかったり条件面が厳しくなったりするのです。

では日本政策金融公庫はどうかといえば、**公庫は属性が悪くても融資を受けられます**。銀行は営利を追求する株式会社ですが、公庫は100%政府出資の金融機関で、中小企業の支援や新規事業の創出を最大の目的としています。属性よりも重要なのは、返済できることを納得してもらえる材料を用意することです。

属性——
一言でいえば、社会的環境に基づくその人の評価。属性は年収、勤務先、勤続年数などに左右される。年収は多ければ多いほどよく、勤務先も中小企業よりも東証一部上場など大企業のほうが高く評価される。また、個人事業主よりも給与所得のあるサラリーマンのほうがポイントが高くなる。属性がよければ借入をしやすく、金利や融資期間などの融資条件も有利になる傾向がある。

それでは公庫を利用するという条件で買付を入れます。その買付が通ったら、次に公庫に連絡を入れて融資の打診をしましょう。

一番いいのは知人に公庫の担当者を紹介してもらうことです。この場合の知人は仲介業者でも税理士でも友人でも誰でもかまいません。

公庫に限らず銀行もそうなのですが、**融資担当者は一見客をあまり好みません。**銀行は、直接申し込みの場合と紹介申し込みの場合の融資貸倒率のデータをとっていて、前者のほうが明らかに貸倒率が高くなるそうです。融資を引く場合には紹介で申し込めると有利です。

融資担当者を紹介してもらうメリットはもう1つあります。**融資の可否や条件は同じ金融機関でも融資担当者によって結果が大きく異なり、優秀で理解のある担当者はよい条件で融資を通してくれる**ということです。

私の友人はこんなことがありました。

友人は公庫のビジネスサポートプラザに不動産賃貸業の融資に関して相談に行きました。公庫の支店は平日のみの営業ですが、ビジネスサポートプラザは毎週土曜日と毎月第1・第3日曜日に開いているので（店舗によって異なります。東京ビジネスサポートプラザの場合）、週末でも相談に乗ってもらうことができます。そのとき友人は地方の築古戸建ての物件購入資金300〜400万円の融資について相談してきたのですが、担当者からの返事は極めて厳しいものでした。

担当者の話では、地方の築古戸建ては担保価値が低いので無担保での融資になる、無担保融資の場合、すでに不動産賃貸業をやっている人であれば融資可能だが、未経験の人は困難、と。

そこで友人は物件購入資金の融資をあきらめ、物件購入後のリフォーム費用の融資の可能性について再度公庫に問い合わせをしました。そのときは支店のほうに相談したそうです。返答は、リフォーム費用の融資に関しては問題ない、その代わり不動産賃貸業としての事業計画書を提出してほしい、と求められたそうです。公庫は事業経営を支援するための金融機関ですから、これは納得できる話です。

しかし話はここで終わりませんでした。

その担当者が、物件購入資金も融資できると提案してきたのです。少し前に未経験では無担保での融資は難しいといわれていたのですが、その担当者は購入資金も無担保で融資できると請け合ったそうです。結果として友人はリフォーム費用と購入費用の両方を融資してもらうことができました。このように融資は担当者の考え方や経験次第でゼロにもイチにもなるものなのです。

戸建て賃貸成功の秘訣は公庫攻略にあり

公庫の担当者を紹介してもらえたら電話で連絡を入れます。まず誰の紹介で電話しているのかを明らかにしたうえで、**「今度不動産賃貸業を始める予定です。**○○市の物件を購入予定なのですが、その物件の購入費用を融資してもらいたく連絡させていただきました」と告げます。すると担当者から、「では申請書、創業計画書、購入予定の物件概要書をFAXか郵送で送ってください」となり、その手続きが完了すると、「面談を行うので○○日に支店まで来てください」となります。

面談当日の必要書類は口頭で伝えられる場合もありますし、あとから必要書類が記載された封書が届く場合もあります。必要書類の主なものは確定申告書(なければ源泉徴収票)、所得税・事業税・源泉所得税の領収書（なければ不要）、預金通帳、借入金の明細、不動産を持っていれば固定資産評価証明書と固定資産税の領収書、そして運転免許証などの身分証明書です。

通常であればこのような流れで話が進みます。

■融資担当者との面談はいつ行われる?

金融機関が営業しているのは平日です。通常、申し込みから審査・契約・決済に至るまで3～4回は支店に出向く必要があります。平日出勤のサラリーマンなら休みをとったり早退したりして都合をつけることになると思います。

公庫での面談日時は基本的に平日9～17時の間。この日時はどこの金融機関でも同じだと思いますが、公庫と民間金融機関には1つ大きな違いがあります。それは、**公庫は1回の面談で融資を実行してくれる**ことです。おちおち休みをとれないサラリーマンにはありがたいことです。

私は公庫に融資の打診をしたものの休みがとれず、たった1回の面談の日程すら決められないことがありました。有給休暇をとって面談に臨むのが普通ですが、そのときは人手が足りずに半休もとることができませんでした。それを見かねた公庫の担当者がこのような提案をしてくれたのです。

「こちらからご自宅に出向くことも可能です」

ありがたいと思いつつも、自宅面談は平日9～17時の勤務時間内に限られるとのこと。

そこで私は一計を案じました。私の自宅と会社は車で15分と近接しています。会社の昼休みは1時間。面談はそれまでの経験から20～30分程度なので、十分昼休み中に終わらせることができます。平日のお昼に自宅面談の予約を入れることにしました。

当日は出社前に書類の最終確認を終えて準備万端。昼休みに入り、少し早めに自宅に戻りました。担当者も自宅に到着し、面談は15分程度で終了。無事昼休みの間に会社に戻ることができました。

先ほど述べたとおり何度も公庫に出向かないといけないということはないのですが、それでもどうしても面談のための休みがとれないという人は、どうにかして面談をセッティングできないものか探ってみる余地はありそうです。

面談が終わると1~2週間で融資可否の連絡が届きます。OKとなれば契約書類が郵送されて、その手続きが完了すれば融資実行日に金額が振り込まれます。融資が実行されたらすぐに仲介業者に連絡を入れましょう。

■これが公庫の融資条件

面談時には金利と融資期間の話があります。**通常は固定金利で金利2~3%に落ち着き、融資期間は10年**です。不動産投資書籍をたくさん読んできた方なら、本には「融資期間30年」のような長期融資を引いた話が載っていますので、「えっ！そんなに短いの」と驚いてしまうかもしれませんが、不動産の融資期間は物件の耐用年数が大きくモノをいいます。

耐用年数

経済的価値から見た資産の寿命のこと。建物の構造によって耐用年数が異なる。構造別の耐用年数は、RCが建築から47年、重量鉄骨が34年、木造が22年と税法で定められている。経済的価値から見た寿命に過ぎず、耐用年数を過ぎてしまった物件にはもう住むことができないなどの制約はない。耐用年数は金融機関が融資期間を検討する際や、建物を減価償却する際に用いられる。

長期融資というのは、新築であったり中古でもRCなど耐用年数の長い物件での話です。地方の築古戸建てはそもそも購入前に耐用年数オーバーとなっていることが多いですし、担保価値が低いので長期の融資期間は現実的ではありません。

また、**公庫から地方の築古戸建てに融資を引っ張ってくる場合、基本的に物件に抵当権が設定されることはありません。**融資をする銀行は物件に抵当権を設定するのが普通です。借入金の返済がとどこおってしまった場合に抵当権を行使することで物件を差し押さえることができます。公庫でも担保価値の高い物件であれば物件に抵当権を設定することもありますが、築古戸建てでは抵当権は設定されないようです。私はこれまで4回ほど公庫から融資を受けていますが、物件を担保に入れたことは一度もありません。

公庫の融資全体のうち無担保融資の割合は実に8割弱に及ぶそうです。不動産投資では物件を担保に入れて融資を受けることが当たり前ですが、公庫の融資に限っていうと担保アリは少数派のようです。

私が以前、公庫の融資担当者に聞いた話では無担保ローンの限度額は2000万円でした。では、融資額がリミット2000万円に達してしまった場合はどうすればいいのでしょうか。「法人を設立すればいい。法人は別人格だからさらに2000万円借りられるんじゃないの?」。これはダメなんです。借入をした個人と法人の代表が同じであれば借りることができません。「じゃあ配偶者に借りてもらえば大丈夫でしょ?」。これもダメです。

生計を同じにしている家族はＮＧになるそうです。

物件の買い増しを行って無担保融資額が上限に達した場合はどうすればいいか。ここでは４つの方法をご紹介します。

担保価値のある戸建てを購入していく

担保価値のある物件であれば公庫も融資してくれます。戸建てを担保に入れて借入をすれば問題ありません。とはいえ資産性が高ければ物件価格が上がり、利回りは低くなります。

戸建てをバルクで購入する

業者から聞いた話ですが、３００〜４００万円の地方築古戸建てでも３、４戸まとめての購入であれば融資してくれる民間銀行があるそうです。公庫よりも長い融資期間とはなるものの、残念ながら公庫よりも低金利ということはないようです。

信金を開拓する

金融機関を乗り換えるとしたら可能性が高いのは信用金庫です。先ほども書きましたが、公庫の1企業あたりの融資残高の平均は約６００万円、信用金庫のそれは約３５００万円、銀行のそれは約８０００万円。低額融資に積極的なのは、公庫＞信金＞地銀＞都銀という順番になります。

バルクで購入

まとめて購入することを「バルク買い」という。明確な定義はないが、個人的には3戸以上の物件をまとめて購入することをバルク買いと考えている。バルクで売りに出されているときは、単体1戸で購入するよりも1戸あたりで割安に購入できることが多い。基本的に銀行は地方の築古戸建ての購入資金を融資してくれないが、バルク買いの場合には融資を検討してくれるところもある。

無担保で購入してきた物件を担保に入れる

地方の築古戸建てなので1戸あたりの担保価値は低いです。とはいえ1戸あたり200万円くらいの評価にはなることを考えると、複数の物件を担保に入れれば新たな物件を購入することは可能です。

■空き家を買うなら据置期間の設定を忘れずに

融資打診時に忘れてはいけないことがあります。それは、据置期間を設定すること。**据置期間を設定すると、その期間中は金利のみの支払いとなり、元金の返済は据置期間後となります。**

一般的に、空き家物件購入後にリフォームをして客付けをすると、少なくとも購入から3カ月くらいは空室の期間があります。1銭も入ってこない空室の状態で元金の返済が始まってしまったらお金が出ていくばかり。資金カツカツの場合ならフトコロ具合が心配ですよね。

据置期間を設定していれば、そんな心配はいりません。私は融資のたびに3カ月の据置期間を設定していますが、案件によってはもう少し長い期間を設定することも可能だと思います。

格安戸建て物件を、融資を使って買う理由

ここで、融資を引くことのメリットについて少しお話ししたいと思います。もちろん全額キャッシュで購入してもかまわないのですが、私は次の3つの理由から**融資を組み合わせて自己資金にゆとりを持たせるようにしています。**

■理由1　自己資金の枯渇はおそろしい

破産は自己資金が尽きて返済などがとどこおることで起こります。黒字倒産という言葉があるように、不動産投資で利益が出ている・出ていないは関係ありません。

戸建て賃貸の場合は予期せぬ出費が発生したとしてもたかが知れていますが、事故や病気に見舞われて思わぬ出費が生じたり、本業の収入が突然途絶えてしまうようなこともないわけではありません。逆にそのような不慮の事態に陥ってしまった場合でも自己資金にゆとりがある限り破産することはありません。

が増えて帳簿上は利益が増えているのにもかかわらず手持ちの現金がどんどんなくなっていく現象が発生する。このときに現金が枯渇してしまい、返済がとどこおったり、税金が払えなくなってしまえばアウト。築古戸建てでも安心してはいけない。減価償却期間が終われば所得税額は一気に上がるので、その部分も計算に入れて賃貸経営していかなければいけない。手持ちの現金をしっかり温存しておくことが非常に重要。

■理由2　よい出物が出たときにすぐに対応したい

自己資金がなければよい物件にめぐり会えたとしても手を出せません。これは!という物件はめったに出てくるものではありませんから、**常に買える状態を整えておくことは大切**です。売り急ぎで破格の物件は悠長に融資を引いてくる間を許してくれません。**公庫の場合は事前に連絡を入れておけば物件の決済後でも融資をしてくれます。**さしあたり現金で物件を購入して、その後公庫から資金供給を受けることもできるということです。

■理由3　投資規模の拡大を促進したい

全額キャッシュで買い続けた場合には、投資規模を拡大するのにかなりの時間がかかってしまいます。**戸建て賃貸は1戸ずつ購入していくので、ただでさえ投資規模の拡大には時間がかかります。**私が1戸目の物件を所有したのは2012年。所持金は300万円ほどでした。それから約3年でいまは7戸の戸建てを所有しています。キャッシュだけでの購入だったら、せいぜい3年で3戸が限度だったと思います。

黒字倒産
利益が出ていても手持ちの現金がなくなり、税金支払いやローン返済ができなくなって倒産してしまうこと。築古戸建ての場合は借入額がそこまで大きくならないので黒字倒産の心配は少ないが、RCの場合は物件価格が高額なため借入額が大きくなり、黒字倒産の危険性が高くなる。これは、最初のうちは減価償却費を使えるので不動産所得が減り、税金は少なくて済むが、減価償却期間が終わってしまうと所得が増えて多額の所得税がかかってくるため。ローンの支払いは続いているので、所得↗

決済前、決済当日、決済後……
落とし穴は小さなところにも潜んでいる

決済日は売主と相談のうえで決定します。ここでは契約・決済が同日に行われると仮定してお話しします。

決済日が決まれば、業者が当日かかる費用を計算してＦＡＸかメールで連絡してくれるはずです。そこには登記費用の見積もりがあります。**登記費用は司法書士事務所によって金額にだいぶ開きがあります。**もちろん金額に差があるからといって司法書士がやることに変わりはありませんから、いくつかの司法書士事務所に相見積もりをお願いしてみてください。固定資産評価証明書があれば見積もりをとれるはずです。評価証明書は必ず業者が持っていますので、手元にない場合には連絡を入れて取り寄せてください。

業者が提示してきた登記費用と見積もりをとった額に開きがある場合は、業者と交渉してみましょう。私の経験からいうと、登記費用はこちらの対応次第で安くなることが多いです。

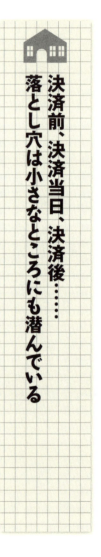

決済当日は、まず仲介業者が契約に関する重要事項説明を行います。淡々と文章が読み上げられていくので正直退屈なのですが、ここでテキトーに聞き流すわけにはいきません。**この段になって「話が違う!」なんてことがけっこうある**からです。

私の場合はこんなことがありました。物件概要書には排水が浄化槽と記載されていたのに実は下水だった……。物件概要書には前面道路が公道と記載されていたのに実は私道だった……。ここで契約破棄となれば違約金が発生してしまいます。一度契約してしまえばもうあとには引けません(そのときの私は、話は違ったものの話をひっくり返すほどの問題ではなかったので契約と相成りました)。

契約が終わり、決済が済むと司法書士が物件の登記をしてくれます。後ほど登記済証と登記簿が郵送で届きます。

火災保険、私のおすすめは全労済

決済後に必ずやることが1つあります。それは**火災保険への加入**です。

銀行が物件に抵当権を設定して融資を行う場合は強制的に火災保険に加入させられますが、公庫から無担保融資を受ける場合は火災保険に入るようにいわれることはありません。

実は私は物件を3戸持つまで火災保険に入っていませんでした。いま考えると信じられないことなのですが、とくに促されることもなかったので、うかつにもスルーしてしまっていたのです。

ひと口に火災保険といっても、いろんなプランがあります。たとえば火災の場合のみ補償されるプラン、火災・風災で補償されるプラン、火災・風災・水災で補償されるプラン、さらにそこに地震保険を付けたり、施設賠償責任保険を付けたりします。

「入居者が火災保険に入るから大丈夫なんじゃないの?」と考えてはいけません。**まったく大丈夫ではない**のです。火災原因の第1位は放火なのですが、**入居者が入る火災保険では万が一放火されるようなことがあっても一切保険はおりません。**

入居者が入る火災保険は入居者を守るための保険です。この火災によって建物に被害が生じたときに、**入居者の過失で火災が発生した場合のみ**です。**火災で保険金がおりるのは入居者が大家に弁済するために保険金が支払われます。**

私の場合、火災・風災には必ず入るようにしています。水災に関しては入っていない物件もあります。単純に川が近い、海抜が低いなど冠水の危険性が高いエリアでなければ加入する必要はないと考えていたからですが、このところはゲリラ豪雨や台風被害の拡大で冠水の心配が叫ばれていなかったエリアでも冠水してしまったということが増えてきました。ということで、最近は水災に入っていなかった物件を水災加入に変更するようにしています。

さて、ここで気になるのは保険料というコストの問題。私が所有している築20～30年の築古戸建ては、火災・風災のみの場合で保険料は年間1万5000円くらい、水災付きで2万5000円くらい、地震保険を加えると4万円程度になります。

保険で安いのは全労済です。全労済は、ホームページによると『正式名称を「全国労働者共済生活協同組合連合会」といい、消費生活協同組合法（生協法）にもとづき、厚生労働省の認可を受けて設立された共済事業を行う協同組合』で、共済事業の1つとして共済商品を扱っています。

民間損保会社と全労済で見積もりをとって比較してみたことがあります。火災保険の補償額を最大1000万円、水災・風災付きで地震保険も付けた場合、民間損保では年間の保険料は約4万円。

全労済は火災共済に自然災害共済を付けることによって火災・風災・水災・地震までカバーすることができます。民間損保と同様に最大の補償額を1000万円とした場合の**年間保険料はなんと1万6000円**（自然災害共済を標準に設定した場合）。ただし、地震の場合の最大補償額が民間損保5000万円であるのに対し全労済は2000万円という違いがあります。そして全労済では、後述する施設賠償責任保険を取り扱っていないというマイナスポイントもありますが、それを差し引いても保険料はかなりの価格差があります。

全労済の火災共済の申し込みはネットから簡単にできます。全労済のホームページにアクセスして必要事項を入力すれば申込書などをダウンロードでき、初回掛け金はコンビニで支払うことができます（2回目以降は口座振替）。申込書をその日のうちに投函し、初回掛け金を支払えば次の日から補償をスタートすることも可能です。

さて、私は火災保険に加入して1つビックリしたことがあります。それは送られてきた火災保険の評価額を見たときで、思わず「んっっ！」と声をあげてしまいました。

火災保険は、建物や家財の評価額を基準に保険金額を設定しますが、この物件の評価額が物件購入価格の倍以上になっていることがあるのです。300万円以下の物件の評価額が1000万円以上になっていることもありました。評価額が3倍以上ということは、その額を保険金額にした場合、万が一火災が起きて全焼となってしまったら購入価格の3倍以上の保険金がおりるということです。

なぜこのような価格差が生じるのか。

それは評価額を物件の再調達価格で算定するためです。再調達価格とは、保険対象と同一の構造や規模のものを再建築するにあたって必要な金額。地方の戸建て物件でも新しく建てるとなれば1000万円以上かかるということで、このように物件価格の3倍以上の評価額になってしまうことがあるというわけです。

■施設賠償責任保険は築古大家の強い味方

火災保険とは別に皆さんにおすすめしたい保険があります。

それは**施設賠償責任保険**。建物の構造上の欠陥や管理上の不備によって入居者をはじめとする第三者に損害を与えてしまった場合に、それを補償するための保険金が支払われるものです。

具体的にいうと、傷んだ建物で床が抜けてしまい入居者にケガをさせてしまったとか、建物の壁が崩れて通行人にケガを負わせてしまったときなどに補償を受けられます。**築年数の経過した物件を賃貸に出す場合は、このようなリスクとは無縁でいられませんから、その対策として有効なツール**です。

そして、**この保険の最大の特徴はなんといっても安いこと**。私は現在、最高1億円までの補償が受けられる施設賠償責任保険に入っていますが、その年間保険料は驚きの890円。ですが施設賠償責任保険は全労済では取り扱いがないので、民間損保での加入となります。年間保険料が安い分、施設賠償責任保険単独での申し込みは難しいようで、通常は民間損保で火災保険などとセットで加入することになります。

第6章

戸建て物件を生かすも殺すもあなた次第

リフォーム業者とのおつき合いを始める

晴れて物件が自分のものになっても、空室期間中は1銭も入ってきません。空室はお金を垂れ流しているようなものですから、できるだけスピーディに客付けに動かなければいけません。そこでさっそくリフォームにとりかかるわけですが、**リフォームの第一歩となるのは複数の業者から相見積もりをとること**です。リフォーム業者の提示する価格は同一案件でもバラバラですし、比較してみると一見してボッタクリ価格とわかる業者もあります。

私は知人がリフォーム会社をやっているので、いつもその会社にお願いしているのですが、たまに簡単なリフォームを管理会社経由で発注することもあります。そんなときは、その値段の高さにビックリさせられます。管理会社経由でリフォームを発注する場合、管理会社にリフォーム業者からバックマージンが入っていることがあるのです。

バックマージンとは紹介料みたいなもので、リフォーム業者が管理会社に支払います。お客である大家が支払う料金にその分が上乗せされるのでトータルの金額が高くなってし

信頼できるリフォーム業者の特徴（一例）

アフターサービス
アフターサポートや保証の仕組みがある
またよろしくお願いします。
地元客やリピーターが多い
おお！
施工写真を豊富に持っている
見積書
見積書の詳細が説明される

まうのです。テレビのアンテナ工事で8万円の金額を提示されたことがありますが、知り合いの業者に頼んだところ1万円くらいで済みました。

やはりはじめてリフォーム業者に発注をかけるときは、**知り合いから紹介を受けた業者にお願いするのが安全**だと思います。知り合いの紹介なら信頼できることはもとより、料金を少しサービスしてくれることもあるでしょう。

そして、**「これからも物件を買い増ししていく予定です。今後ともよろしくお願いします」**と、しっかりアピールすることです。リピーターになっていくかもしれないお客は、いいお客です。下手な仕事はできませんし、今後のことを見込んで割引してくれる可能性もあります。

築古の戸建てにピッタリの低コストリフォーム技

戸建て物件はRCマンションやアパートの区分1室と比べるとボリュームがあるため、**リフォームにこりだすとキリがありません。**私の場合は、物件にかかわらず必要最小限のリフォームにとどめることを心がけていて、そのときの判断基準にしているのはやはり「費用対効果の高いリフォームかどうか」です。

■キッチンはカッティングシートでよみがえらせる

まずはキッチンから。

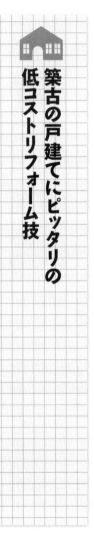

キッチンは古くなってきたら交換してしまう人が多いのですが、交換する場合は撤去費用や設置費用を含めると20万円以上かかってしまいます。そこで、**ホームセンターで売っているカッティングシートを貼って、さらに棚の取っ手だけを新しいものに交換します。**

そうすることによって見た目は新品同様、かなりキレイになります。

このリフォームにかかる費用は数千円。ユーチューブにはカッティングシートの貼り方

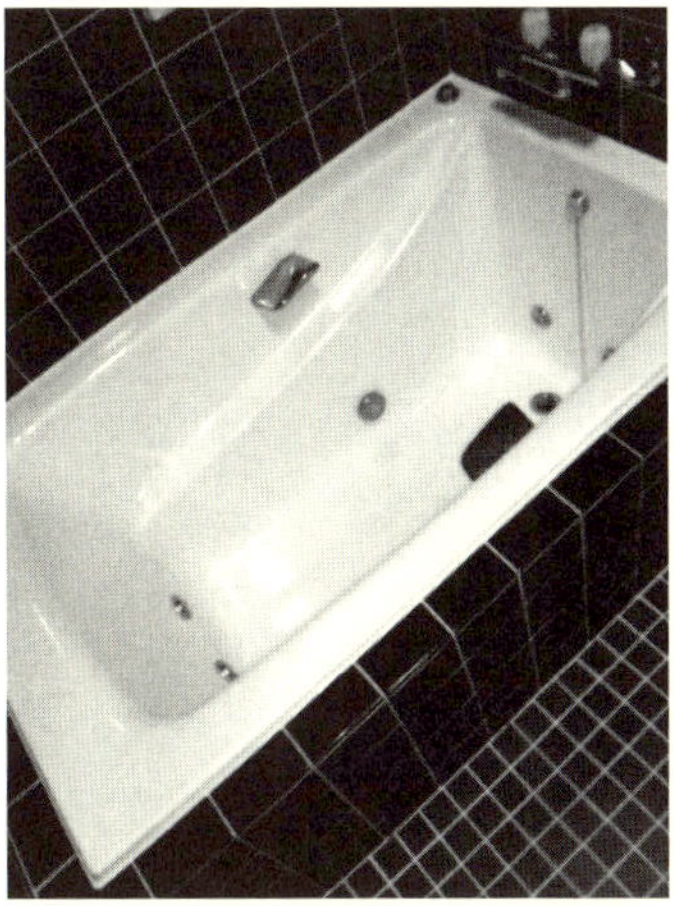

浴槽塗装を施した浴槽。かかった費用は10万円程度。工期は2日で終えることができた。

キッチンの戸棚にカッティングシートを貼ったところ。ホームセンターに行けば1,000円程度で手に入る。

を指南してくれる動画がいくつもあります。軽く勉強してからとりかかるのがおすすめです。

■塗装でお風呂を生まれ変わらせる

次にお風呂です。

お風呂は交換となれば頭の痛いコストがかかります。バスタブがひどく汚れており、交換やむなしかと業者に見積もりをお願いしたことがあります。そのときはバスタブを無料でプロパンガス屋に支給してもらっても、タイルを削ったり段差調整したりで30万円くらいの費用になってしまうとのことでした。

そんなコストはかけていられません。

そこで私が利用したのが**浴槽塗装。** **これであれば浴槽交換のような大がかりな工事は必要ありません。** 費用11万円で浴槽がピカピカになりました。

■実費6000円で洗面化粧台をオシャレにリフォーム

購入した物件の1つで、洗面化粧台の上の部分だけがミョーに汚れていたことがあります。洗面化粧台はホームセンターなら2万円くらいからあるのですが、そのときは**ＩＫＥＡで鏡と棚などを調達し、自分でリメイクしました。**

ガラス棚付き鏡が１５００円、ポップな照明が１５００円、棚が３０００円で、**〆ておよそ６０００円。** 作業時間はセルフでやっても1時間かかりませんでした。

IKEAで仕入れた鏡、棚、照明を設置。6,000円くらいの費用で洗面台をリフォームすることができた。

リフォーム前。
どこにでもある平々凡々な和室。

リフォーム後。
少しの工夫を加えただけで
和モダンテイストの
和室に仕上がった。

■和室は和モダンにリフォームする

「和室はヤボったいから入居付けで苦労する」と、和室から洋室へのリフォームはよく行われますが、たとえば6畳の部屋なら20～30万円くらいの費用がかかります。

私は和室→洋室のリフォームはやりません。私の場合は和室そのままで、極力オシャレに和モダンな感じに仕上げるように心がけています。

写真の物件ではふすま紙交換、障子交換、畳の表替えをしました。クロスは元のまま使用しています。ふすま紙は銘柄「ルノン凜」「Ｋａｓｕｒｉ」の「緑」を使用、和モダンな感じが出ています。個人的にこのふすま紙が好

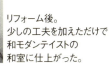

きなんです。

そのうえでＩＫＥＡで買った照明、飾りを設置しました。かかった費用は次のとおりです。

- 畳の表替え（6畳）……1万9800円
- ふすま紙の張り替え（ルノン凜4枚）……8000円
- 障子の張り替え（4枚）……6000円
- 照明（ＩＫＥＡで調達）……1100円
- 飾り（ＩＫＥＡで調達）……2500円
- トータル　3万7400円

■気の利いた小物でライバル物件に差をつけよう

戸建て物件のターゲットはファミリー層。そのなかでボリュームゾーンとなっているのが団塊ジュニア、ポスト団塊ジュニアと呼ばれる30～40代の人たちです。この世代の人たちはファッション性に敏感ですから、彼らにアピールするために築古戸建てといえどもリフォームは少しでもオシャレに仕上げたいもの。

だからといって多額のコストをかける必要はもちろんありません。**ちょっとしたアイテムの力を借りることで、安くオシャレに仕上げることができる**んです。

私は、照明はいつもＩＫＥＡで調達して設置しています。ＩＫＥＡにはオシャレでリーズナブルな照明がいくつもあります。私が購入しているのは1000~4000円くらいの価格帯の照明です。それを設置するだけで物件の印象は大きく変わります。

IKEAではよく鏡も購入します。「KRABBミラー」と呼ばれるクネクネした鏡は

IKEAで購入した斬新なデザインの照明を設置したところ(写真は著者の友人の物件)。

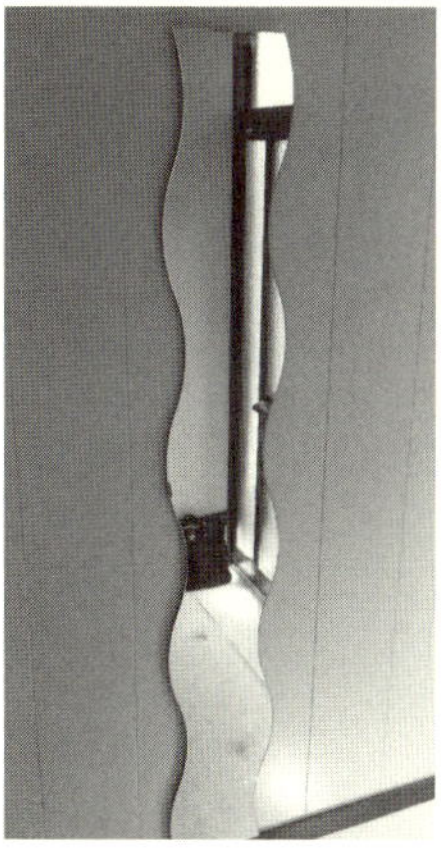

クネクネミラーは価格が安く、設置もラク。小粋なデザインが目を引く。

スティックディフューザーはワンポイントのオシャレを演出できるおすすめのアイテム。ニトリで500円ほどで購入。

実際のカラーリングはピンクでポストとして斬新。ショッピングサイトで「ポスト　郵便受け」などで検索するとさまざまなアイテムが見つかる。

2枚組で1500円くらいです。設置も簡単で、下地が木材であれば5分もあれば済んでしまいます。下地が石膏ボードの場合はアンカーを打って設置します。

スティックディフューザーも私の物件では定番になっています。これを置くことでオシャレ度がグンとアップします。一種の芳香剤のようなもので、いいにおいがするので一石二鳥です。

写真のものはニトリで500円くらいでした。**玄関やトイレに置いておくのもアリ**でしょう。心地いい香りが内見者へのアピールになります。

私が少しばかりこだわっているのがポストです。これも**オシャレなものを持ってくると物件の表情がガラッと変わります。**写真のポストはネットショップで6800円で調達しました。

先日、退去があったので久しぶりにその物件の室内を確認しに行きました。188ページ上がそのときの写真で、何とも面白みのない玄関です。**1つアクセントがほしかったのでウォールシェルフを設置する**ことにしました（188ページまん中の写真）。

このウォールシェルフとそこに飾りつけた小物の値段は次のとおりです。

- ウォールシェルフ（大きめのほう）……761円
- ウォールシェルフ（小さめのほう）……380円
- スティックディフューザー……571円
- その他の小物……各100円
- トータル　2000円くらい

格安ですが効果的なリフォームです。**低コストで物件の印象を変えてくれる小物たちは、かなり費用対効果が高い**です。

退去直後の玄関。
まっさらで何の面白みもない。

ウォールシェルフ（右側が大きめのほう）を設置し、100円ショップで仕入れた小物で飾ったところ。
これだけでも玄関の印象がだいぶ変わる。

ウォールステッカーはIKEAやニトリに行けば500円程度で手に入る。

あとは**味気ない壁の一部にウォールステッカーを貼るのもアリ**だと思います。ウォールステッカーはＩＫＥＡやニトリで販売されていて、価格は５００円くらいからあります。はがすときはわけないですし、長期間貼っていた場合でもドライヤーを当てれば簡単にははがせます。

あか抜けない玄関照明。
築古戸建て住宅にありがち。

海外ブランドの玄関照明に付け替えたところ。
ネットオークションで購入。

物件の印象を変えるには玄関灯を換えるのも効果的です。**築古の戸建て物件には古めかしくてあか抜けない照明が付いていることがほとんど**です。189ページ上の玄関灯では好印象とはいきませんね。

189ページ下の玄関灯はヤフオク！で5000円で購入しました。玄関は物件の顔ですからひと工夫加えられないか気を配ってみるといいと思います。

■アクセントクロスでさらなるオシャレを演出する

アクセントクロスを貼ることもオシャレかつ低コストのリフォームになります。

不動産ポータルサイトで地方物件の募集ページを見てみるとわかりますが、写真のような**アクセントクロスを使用している物件はまだまだ少数派**です。アクセントクロスを取り入れるだけで高級感やオシャレ感が出て、かなりの差別化要因になります。施工費用も通常のクロス交換とあまり変わりません。

ただし、やみくもにアクセントクロスを使用しても効果はありません。やはり配色など施工する側のセンスによって良し悪しが左右されるので、日ごろからインテリア雑誌などを参考にリフォームのセンスを磨いておきたいところです。

木目調にして高級感を演出するなど、アクセントクロスは室内の印象を変えたいときに検討したいアイテム。

リフォーム前に一度は検討しておきたい2つの得する技

リフォームで忘れてはいけないのが、**プロパンガス屋さんの変更**です。これは、不動産投資ではもはやテッパンといっていいやり方です。

プロパンガス屋さんの変更とは、現在の物件についているプロパンガス屋（ガスボンベを見ればガス屋さんの社名がわかります）から別のプロパンガス屋へ切り替えを行うことをいいます。**都市ガスの物件であってもプロパンガスへの変更は可能**です。

地方におけるプロパンガス屋さんの競争は非常に激しいものがあり、それで**プロパンガス屋さんがお客獲得のためにいろいろなサービスをしてくれる**のです。私の場合、物件購入後にいつもなじみのガス屋さんに切り替えて、給湯器交換、エアコン新設、ガスコンロ交換などをやってもらっています。トータルで20万円くらいの節約になります。私の知り合いの大家さんは、クロスやクッションフロアの張り替えなどのリフォーム工事までやってもらっているそうです。

このようにプロパンガス屋から便宜を受けた場合には、**ガスの契約期間はたいていい10年**

になります。大家のほうから10年以内に解約すれば、提供してもらった設備の費用を大家が負担することになります。プロパンガス屋にとってサービス提供費用は投資で、それを10年で回収する算段ということです。契約不履行により回収できなかった分は当然大家に請求されます。

プロパンガス屋へのコンタクトについてお話をすると、一番いいのは知り合いの大家さんからプロパンガス屋を紹介してもらうことです。飛び込みでプロパンガス屋に切り替えの話を持ちかけても、なかなかサービスしてもらえないことが多いのです。私が飛び込みで見積もりをお願いしたガス屋さんは、「給湯器の交換くらいはできますが、エアコンなんてとても設置することはできません」といっていました。サービス内容は業者によってまったく違いますから、サービスが充実している業者を紹介してもらうといいと思います。

プロパンガス屋さんを切り替えるときの注意点が1つあります。

サービスしてくれるからといってプロパンガス屋にお願いしすぎてしまうと、プロパンガス屋はその投資を回収するために**ガス料金を値上げしなければいけなくなってしまいます**。いまはガス料金も簡単にネットで相場を調べられるので、**あまりにも相場からかけ離れたガス料金は入居者からのクレームの元になります。**

それまで都市ガスを使っていた人にとってはプロパンガスに切り替わっただけでも割高

感があります。プロパンガス屋さんの活用しすぎで法外なガス料金となってしまわないように注意する必要があります。

リフォーム費用の3分の1が返ってくる仕組み

リフォーム費用を圧縮するという観点から知っておいてもらいたいことがあります。それは、セーフティネットの活用です。

47ページでも少し触れましたが、正式には「住宅セーフティネット整備推進事業」といいます。空き家のリフォームにかかった費用の3分の1を国が補助してくれる制度です。空き家1戸あたり100万円が補助の限度額です。

この事業の目的は、「民間住宅活用型住宅セーフティネット整備推進事業」のホームページによると次のように示されています。

既存の民間賃貸住宅の質の向上を図るとともに空家を有効に活用することにより、住宅確保要配慮者の居住の安定確保を図るとともに、災害時には機動的な公的利用を可能とする環境を構築するため、住宅確保要配慮者の入居等を条件として、空家のある賃貸住宅のリフォームに要する費用の一部を国が直接補助するものです。

空き家を有効活用し、賃貸住宅入居にあたってハンデのある高齢者や障害者といった「住宅確保要配慮者」に安定的に居住してもらうための事業というわけです。

補助を受けるためにはいくつかの条件があり、リフォームに耐震工事、バリアフリー工事、省エネ工事のいずれかを含んでいなければいけません。1981年（昭和56年）6月1日以前の旧耐震基準の物件であれば耐震工事は必ず行わなければなりません。改修工事前・工事後に建築士による確認が必要になり、その確認には5〜10万円の費用がかかります。

入居募集も高齢者や障害者のほか、子育て世帯などの住宅確保要配慮者を中心に行わなければいけないのですが、3カ月を経過しても入居者を確保できない場合には、住宅確保要配慮者以外の方に入居してもらうことも可能です。

セーフティネットの利用は、リフォームコストがそれほどかさまないのであれば、申請などの手間のほか入居者の制約や建築士の確認費用などもありますからメリットを見出しにくいかもしれませんが、たとえばトータル300万円のリフォーム工事となった場合には上限額100万円の補助金を受け取ることができます。リフォーム費用が多額にのぼる場合には無視することができません。

なお、執筆時点では詳細が明らかになっていませんが、民間住宅活用型住宅セーフティネット整備推進事業は終了し、2015年7月より別名称の類似の補助金制度が始まることが決まっています。

リフォーム会社
社長に
インタビュー

リフォーム会社トップと不動産投資家、2つの顔を持つ「ピカいち」社長の柳田将禎さん

お話をうかがったのは、千葉県全域でリフォームの対応をしているリフォーム会社「ピカいち」社長の柳田将禎さんです。柳田さんは自衛隊入隊歴があるなど一風変わった経歴の持ち主で、不動産投資歴5年以上という大家さんでもあります。リフォーム会社社長の目線と不動産投資家の目線から語っていただきました。

リフォーム業者さんにとって、よいお客さんとはどのようなお客さんですか？

物件を何とかして再生しようと頑張ろうとしているお客さんですね。そういう方は1つの事業を成功させるためのよきパートナーとして接していただけるので、私たちもご一緒に最善のプランを考えていきたいという気持ちになります。

何でも一生懸命努力している人にひき付けられるということですね。たまに「自分は客だ！」といわんばかりに上からモノをいう人がいますが、業者さんは不動産投資のパートナーですから、そこに上下関係はありません。逆に、これは苦手！というタイプのお客さんはいますか？

いまサーファー薬剤師さんがいわれ

たように、「お金さえ払えば何でもいうこと聞くんだろ？」みたいな態度をとってくるお客さんですかね。

やはり横柄な態度は百害あって一利なし、と。私たち投資家はキモに銘じないといけませんね。

リフォームにあたって投資家が必ず考えなければいけないことは何だと思いますか？

ズバリ、費用対効果です。立地がよいところであればリノベしても家賃を上げることができるので投資効率もよくなるのですが、田舎でそれをやっても家賃を上げられません。まずはそこから考えるべきだと思います。逆に絶対にリノベしたほうがよいエリアもあります。

ちなみにリノベというのはリノベーションの略で、リフォームのなかの大規模な改修工事のことです。住宅性能を向上させたり付加価値を加えることを目的に行います。

地方では「賃貸の需要がある賃料」が決まっています。経験からいって、戸建てであれば賃料5～6万円くらいのニーズが高いように感じます。そのようなエリアで高いコストをかけてリノベーションしても、その分を賃料に上乗せできるわけではないですからね。逆に絶対リノベしたほうがよい場所というのは？

都市部に関してはリノベをおすすめします。リノベした分を賃料に反映させることができますから。また、最初からボロボロだと、こまごまとリフォームをやっても逆に費用がかさむことがあります。そんな場合はいっそのことリノベしたほうがいいですね。

おすすめのリフォームについて教えてください。

物件によって変わってきますが、洗面台の交換やお風呂場のアクセントシート貼り、ファミリータイプの広い間取りならリノベ畳などが費用対効果が高いのではないかと思います。

お風呂場のアクセントシートってオシャレですよね。施工費用はどのくらいなんですか?

風呂のサイズ・形状などによっても変わりますが、だいたい10万円~になります。その際に一緒に鏡や水栓も換えるとさらによくなると思います。トータルでだいたい15万円~といったところでしょうか。

お風呂場アクセントシート施工例。

「リノベ畳」というのは初耳ですが、これは琉球畳のことですか?

リノベ畳は琉球畳と同じデザインでビニール製のものです。種類が豊富で部屋の雰囲気によっていろいろ変えられるんです。値段は1枚半畳で9000円ほどです。

これは大家さんが自分でやってしまったほうがいいというリフォームはありますか?

クリーニングですね。クリーニングをすると、その家に愛着がわくと同時にいろいろなことに気がつきますので。

たしかに自分でクリーニングすると、網戸が破れているとか、障子の戸すべりテープがはがれかけているとか物件の細かいところに気づくことがあります。戸建ての場合、クリーニングは5~6万円くらいしますから、自分でやるとかなりのコストカットにもなります。ただし時間がかかるので、時間に追われているという人にはあまりおすすめできません。

リノベ畳施工例。

初心者がやってしまいがちなリフォームの間違いについて教えてください。

初心者の不動産投資家さんが見落としがちなのが時間軸とお金の関係だと思います。私の知り合いで、1年かけてセルフリフォームを頑張った投資家さんがいました。リフォーム費用は安くなりますから、それで利回りが上がったと思い込んでしまうようですね。しかし、その1年間にかけた自分の時間と築年数の経過と1年分の家賃は取り戻すことができません。

1年もセルフリフォームするくらいなら業者さんにお願いして、できるだけ早くリフォームを仕上げて賃貸募集をかけたほうが実は大きいはずです。コストカットに走りすぎている大家さんっています。仲介業者への広告費をケチったりリフォームをケチったりして空室期間が長くなってしまうことは、結局自分の損ということを理解する必要があると思いますね。

よいリフォーム会社と悪いリフォーム会社の見分け方ってありますか？

リフォーム会社も職人も一度仕事を依頼してみないとわかりません。ただ、不動産投資を理解しているか否かによって投資家さん向きの会社かそうでないか、かなりの部分が決まるのではないかと思います。

リフォームをできるだけ安く仕上げるコツはありますか？

プロパンガス屋さんを活用したり、住宅セーフティネット整備推進事業などの助成金を利用することではないでしょうか。あとは事故が起きてしまった際には火災保険をフル活用することだと思います。

やはりプロパンガス屋さんのサポートは受けるべきだと思いますか？

間違いなく受けるべきだと思います。ただし、なかにはエグいことをやってくるガス屋さんもあるので注意が必要です。

エグいことというのは？

立場上公言するのははばかれるのではっきりはいえませんが、○○は○○だったと思ったら、実は○○だったなんてことがあったりします。○○ばっかりですみません。

プロパンガス屋さんのなかにもアヤ

しい業者がいるということですね。その意味からも、飛び込みではなく友人・知人から紹介してもらったほうがよさそうです。

セーフティネットはどのような場合に利用するのがよいと思いますか？

セーフティネットは１００万円まで助成金が出ますから、ボロ家のリフォームにはかなり利用価値が高いと思います。逆に少額リフォームの場合は、建築士の検査も必要ですし申請にも手がかかりますからメリットは少ないかもしれません。

助成金を活用しないのはもったいないというのはやまやまなのですが、私はいままで一度もセーフティネットを利用してきませんでした。リフォームにはそれほど多額の費用をかけてこなかったこと、申請までに賃貸募集後３カ月の空室期間が必要なこと、それと入居対象者が制限されることも利用しなかった理由の1つです。助成金をもらうよりもいち早く客付けしたい気持ちが強くてセーフティネットを利用することはありませんでした。でも腹を決めてボロボロの物件を購入する場合には一度検討してみたいと思っています。

セーフティネットを使う場合の注意点はありますか？

申請手続きに手間がかかるので、それに時間をとられすぎないように気をつけたほうがいいと思います。

どのような手間がかかるのでしょうか？

提出書類の多さがネックになります。建築や不動産に携わる仕事をしている人であれば大丈夫かもしれませんが、はじめての方には作業負担が重いように思います。

先ほど火災保険にも触れられていました。

不動産投資家の立場からいえば、偶然起きてしまった事故であれば、とにかく何でも保険請求してみることをおすすめします。請求する分にはタダ、出してもらえたら大きなプラスです。

「これって火災保険で請求できるのかな？」なんて悩んでしまうことがあります。そんなときはいつも保険代理店に連絡していますが、リフォーム業者さんでもこのような相談に乗ってもらえるのですか？

基本的には火災保険の相談には乗ってくれないはずです。ただし、当社は火災保険を利用した修繕の経験が豊富で、ご連絡いただければある程度のご相談には乗ることができます。保険代理店ではありませんから、ご契約などはできませんが。

最後に、リフォーム会社社長であり不動産投資家でもある柳田さんから投資初心者の方へアドバイスをお願いします。

まずは行動することが一番大切だと思います。その一歩を踏み出し、あきらめず根気強く地道にやっていけば必ず道は開けるはずですので、月並みですが頑張ってくださいといいたいです。当社でお役に立てることであればいつでもご相談に乗ります。

株式会社ピカいち

ホームページ　http://reform-pikaichi.com/
TEL　0475-47-3991
FAX　0475-47-3990

リフォーム早見表

リフォーム内容	相場	ピカいち価格
戸建ての外壁塗装（30坪）	60万円＋足場代15万円	45万円（足場代込）
屋根塗装（30坪）	10万円＋足場代15万円	15万円（足場代込）
システムキッチンの設置	50万円＋施工費15万円	40万円（施工費込）
ブロックキッチンの設置	20万円＋施工費10万円	20万円（施工費込）
トイレ便器の交換	18万円＋施工費3万円	15万円（施工費込）
クロスの貼り換え	1,100円 / ㎡	790円 / ㎡
障子の張り替え	3,000円 / 1枚	1,800円 / 1枚
畳の表替え	5,000円 / 1畳	3,500円 / 1畳
和室→洋室リフォーム	30万円	20万円
クッションフロアの張り替え	3,000円 / ㎡	2,500円 / ㎡
ふすまの張り替え	3,200円 / 1枚	1,800円 / 1枚
網戸の張り替え	3,000円 / 1枚	1,500円 / 1枚
ハウスクリーニング	1,000円～ / ㎡	800円～ / ㎡
ユニットバスの交換	50万円～	38万円～
洗面化粧台の交換	10万円～	5万円～
シロアリ駆除	6,000円～ / 坪	5,500円～ / 坪
モニターフォンの設置	5万円～	3万7,000円～
玄関ドアの交換（ドア本体のみ）	6万円～	4万円～
汲み取り ↓ 浄化槽設置工事（設置工事に伴うトイレ工事や配管工事別途）	80万円～	50万円～
汲み取り ↓ 下水接続（前面道路に下水が通っている場合。下水接続に伴う舗装・掘削・復旧工事、トイレ交換・配管工事別途）	35万円～（負担金別）	20万円～（負担金別）

※ ここで示している価格は賃貸物件向けの一般的な部材を使った際のもの。
価格は現場の状況によっても変わってくる。
※「相場」は通常かかってくるであろうと推測される価格で、あくまで一例。

大切な物件を任せられる仲介業者の条件

リフォームが仕上がる前に行っておきたいことがあります。それは、客付けをしてくれる仲介業者を探すこと。私はいまは決まったところがあるので、ほとんどその仲介業者にお願いしているのですが、最初のうちはたくさんの業者を訪問することをおすすめします。私が考える仲介業者の条件は大きく3つあります。

■条件1　たくさんのポータルサイトに物件を掲載してくれる業者

入居者はもっぱらネットで物件を物色していますから、**とくに利用者が多いアットホーム、ホームズ、スーモへの物件掲載は必須**です。

スーモはほかのポータルサイトに比べて掲載料金が割高で掲載していない業者も多いのですが、その分スーモに掲載してもらえればライバル物件との差別化要因になり、客付けしやすくなります。

■条件2　ネットでの物件の見せ方を心得ている業者

ネットで物件検索していると、**「この業者さんの掲載のしかたうまいな！」**と膝を打つことがあります。たとえば、物件紹介ページのコメント欄を気の利いた使い方をしている業者。「敷金・礼金ゼロゼロ！　今月中にご契約の方にはフリーレント1カ月分！」などキャッチーなコピーが目を引きます。

そんな仲介業者は写真の撮り方も工夫されていて、見栄えのいい物件写真を撮ってくれます。ほかの業者と比べて掲載写真の数も多く物件のアピールに一役買ってくれます。

■条件3　依頼を受けてからの動きがスピーディな業者

残念なことに、客付けの依頼をしたのにいつまでたってもネットに物件を掲載してくれない業者もあります。私が客付けをしようとしていたときのことです。ある業者に客付けの依頼をしたのですが、1週間たってもネットに物件情報がアップされません。心配になって電話してみると、「最近天気がよくないので物件写真が撮れていないんです」。それからまた1週間が過ぎてたまらずに電話すると、今度は「間取り図の作成ができていないんです」。

こんな仲介業者に物件を預けていたら、いつまでたっても賃貸が決まらないでしょう。

そのときは複数の業者に仲介の依頼をしていたのですが、動きの速いところでは2〜3日で物件情報がネットにアップされていました。そして案の定、動きの速い業者が1カ月以内に客付けしてくれたのです。

「そんなひどい業者はめったにいないんじゃないの?」と思われるかもしれません。ですが、私はこのとき5社に仲介の依頼をしていましたが、そのうちの3社はまともに賃貸の募集をしてくれませんでした。

業者の見極めは実際に客付けの依頼をしてみないとわかりません。ですから最初は、**一般媒介で複数の業者に依頼をかけてみる**ことをおすすめします。オーディションのようなものです。**試しにいくつかの業者に仲介を依頼して納得できる動きをしてくれた業者とだけ今後つき合っていけばいい**のです。動きのスローな業者に頼っても時間が垂れ流されていくだけです。

■まずは一般媒介から始めて任せられる仲介業者を探す

賃貸の仲介には一般媒介と専任媒介の2通りがあります。

一般媒介では複数の業者に仲介の依頼をかけられるのに対して、専任媒介では1社のみで他社に依頼をかけることはできません。これだけを見ると「じゃあ一般媒介のほうがたくさんの業者さんが客付けしてくれるからいいに決まっている」とな

サブリース
不動産業者が一括で借り上げる仕組みのこと。空室があってもなくても契約で決まった賃料が入ってくる。家賃滞納の心配をしなくてよい反面、その管理費用は満室賃料の10〜15%と高め(通常の管理費は賃料の5%が相場)。業者が一括借り上げをするので、大家は敷金・礼金、更新料をいただけない。満室にできる自信があればサブリースは利用する必要のないもの。一方で、そもそも埋まらない物件の場合には業者もサブリースのオファーをすることはない。

ってしまいますが、実はそうとも限らないのです。

業者には物件を紹介する優先順位があります。

まず最優先されるのは自社保有の物件です。その次に「サブリース」の物件、その次が専任媒介の物件、最後に一般媒介の物件という順番です。

自社保有 ＞ サブリース ＞ 専任媒介 ＞ 一般媒介

一般媒介での依頼ではほとんど動いてくれないような業者もあります。私の場合、専任媒介であれば広告費は家賃1カ月分なのですが、一般媒介で募集するときは業者のモチベーションアップのために広告費を2カ月分にしています。そして、**一般媒介で複数お願いしたなかでトップクラスの動きをしてくれた仲介業者に次回以降専任媒介でお願いするようにしています。**

モチベーションを上げてもらう方法としては「キックバック」もあります。客付けしてくれた担当者の方に金一封を差し上げることをいうのですが、その額はだいたい家賃1カ月分や0・5カ月分が目安とされています。

私の場合はキックバックはやりません。戸建て賃貸は需要が底堅いので、しっかりネットに物件を掲載してくれれば問題なく客付けできるからです。一般媒介では

キックバック

賃貸の客付け時に仲介業者に対して支払う謝礼金として広告費があるが、担当者個人に支払う謝礼のことをキックバックという。業者や担当者によってはキックバックを一切受けつけない方針のところもある。広告費は家賃の1カ月分、キックバックは0.5カ月分くらいが相場だが、これは地域によってかなりばらつきがある。

広告費を2倍にしていますが、それはあくまですべての仲介業者に最低限の動きをしてもらうためにお支払いしているものです。

札束を燃やせなければ客付けで苦労する⁉

金森重樹さんの著書『インターネットを使って自宅で1億円稼いだ! 超・マーケティング』(ダイヤモンド社)にはこんなことが書かれています。

「札束に火をつけて燃やせない人間は商売をやめなさい」

もちろんリアルに札束をメラメラ燃やせといっているわけではありません。**「広告費に十分な資金を投入できないような人は商売に向いていない」**ということをいっているのです。

以前、賃貸の仲介業者に客付けの依頼をしに行ったときのことです。

そのときは一般媒介で募集をかけており、「2倍の広告費をお支払いしますので、どうぞ賃貸付けをお願いします!」と頭を下げたところ、仲介業者の社長さんが出てきてこんな話をしてくれました。

「このへんの大家さんでそこまでしてくれる人はいないですよ。広告費が半分のときもあるし、払ってくれない人もいる。正直いってそれではやる気に影響してきます。お客さんが付かなければ賃料は入ってこないというのにね」

地方の大家さんのなかには、リフォームは入居が決まってからとか、客付けしてくれても業者に広告費を払わないといった方がいますが、**そのやり方はケチった分だけ損をします。**

何度も書いているとおり空室の状態は毎月賃料分のお金を垂れ流しているのと同じですし、戸建て賃貸は一度入居してもらえれば数年間住み続けてもらえる可能性が高いわけですから投入した費用は十分回収できます。

広告費も必然性があれば相場よりも高めに設定する必要がありますし、担当者へのキックバックを考えてみるのも1つの手です。**賃貸募集時はできるだけ速やかに客付けできるように資金投入を惜しまないほうが結果として利益が出ます。**

さて、賃貸募集時には入居希望者から家賃交渉が入ることがあります。その場合はどうすればいいでしょうか？

これは悩ましいです。客付けするための広告費を惜しむのはよくありませんが、いわれるまま家賃を下げてしまうのも問題です。

物件に反響があり、内見者が多ければ家賃交渉は拒否してもかまわないと思いますが、内見者がさびしいときには多少譲歩しても入居してもらいたいのが大家のホンネです。

では、家賃1月5万8000円で募集している物件を3000円値下げして5万5000円にしたとします。年間では3万6000円のマイナスです。忘れてはいけないのが、**家賃を下げてしまうと売却するときに物件価格が下がってしまう危険性があること**。

客付きで物件を投資家に売却する場合、その物件の利回りが売却価格に影響します。もし物件を350万円で売却する場合は、家賃5万8000円であれば、（5万8000円×12カ月）÷350万円×100＝利回り19・8％。家賃5万5000円であれば、（5万5000円×12カ月）÷350万円×100＝利回り18・8％。このように利回りが1％下がってしまいます。投資家から見れば利回りが下がることは物件価格が割高＝値下げの余地があるということです。

私は**家賃交渉の話があっても基本的に値下げはしません**。ではどうしているかというと、**フリーレントを導入することで対応しています**。

フリーレントとは入居後の数カ月間の賃料をタダにすることです。私はフリーレントで1カ月分の賃料を無料にしています。1カ月分の賃料は、先ほどの例でいうと5万8000円になります。5万5000円に値下げしたときには1年で3万6000円賃料収入がダウンでしたから、2年間住んでもらえれば値下げするよりも安く収まります。**このやり方なら物件利回りも低下しないので売却時にも影響が出ません**。

依頼が終わってからも物件のアピールは続けよう

客付けの依頼を業者にしたことで満足してしまい、そのあとはすべて業者に任せっきりということは絶対に避けましょう。

私の場合、ネットにちゃんと掲載してくれているか、募集条件は依頼どおりに掲載されているかなどを細かくチェックします。

それで安心せずに、できるだけ頻繁に担当者に連絡を入れます。業者はいくつもの物件を扱っていますから自分の物件は忘れられがちです。**常に頭に入れておいてもらうために最低でも2週間に1回は反響の確認をします。**一般媒介で募集しているときは、物件資料に、「日ごろお世話になっております。○○の物件の大家の△△と申します。物件の反響はいかがでしょうか？　募集のほう、今後ともよろしくお願いいたします」と添えてFAXで一斉送信しています。私の経験からいうと、ここではメールの使用は控えたほうが無難です。

不動産投資を始めたてのころ、とある管理会社にメールで連絡を入れました。その管理会社のホームページには「お気軽にお問い合わせください」とばかりにメールアドレスが大書されていたので、ごく当たり前のことと思いメールを送ったのです。そのメールの内容は、「できるだけ早く客付けをしたいのでほかの業者さんにも仲介の営業をしたいと考えています。もし不都合があればご連絡ください」というもの。

それから数日たってもメールの返信はありませんでした。とくに問題はないのだろうと判断し、仲介の営業に回ることにしました。後日、その営業の道すがらメールを送った管理会社の店舗に立ち寄ってみました。

私「何社かに客付けの声かけをさせてもらっています。そのうち連絡が来ると思いますのでよろしくお願いします」

管理会社「……」

私「先日メールをお送りしたのですが」

管理会社「確認します！（ドタバタ）」

こんな具合です。業者によってはメールはほとんどチェックしていないようです。いまさら感はかなりありますが、メールよりもＦＡＸのほうが確実と申し上げておきます。

物件写真は納得できるものを用意しよう

ネットで賃貸募集中の物件写真を見ていると、何でこんな見栄えの悪い写真を載せているのだろうと不思議に思うことがあります。いまの時代、ネットで物件検索して内見の申し込みを入れる人が大多数です。

ネットに掲載する物件写真はお見合い写真のようなもの。見た目から受ける印象がもう一つとか、何だか苦手そうとか、話が弾まなさそうといった人と積極的にお会いしたいとは思いませんよね。

初対面の人物に対する印象は、視覚情報55%、聴覚情報38%、言語情報7%という割合で構築されるとするメラビアンの法則について聞いたことがあると思います。メラビアンの法則の解釈については諸説あるようですが、実体験に照らしても視覚情報の割合が突出して高いというのは納得できます。物件の見どころを文章だけで伝えるよりも、存在感があってカッコいい写真をパーンと入れたほうがはるかに説得力があるのはいうまでもありません。

ネットに掲載する物件情報では視覚に訴える物件写真が重要な1ピースになりますから、**物件写真は業者任せにしない**ことをおすすめします。自分でバチッと撮って業者に支給してあげましょう。

ではどうすればカッコいい写真を撮ることができるのか。私なりのやり方をご紹介します。

■広角レンズのデジカメで撮る

最近はスマホで撮る方が多いですが、やはりデジカメには劣ります。とはいっても無理して一眼レフで撮る必要はありません。高いですし、大きくて取り扱いにも難儀します。私はコンパクトデジカメで十分だと思います。一眼レフと比べれば画質は劣りますが、キレイな物件写真を撮るという目的は十分に果たせます。

コンパクトデジカメでなるべく広角レンズのものを選ぶとよいでしょう。一般的に、広角レンズとは35ミリ換算値で25〜35ミリ程度の焦点距離を持つレンズのことをいいます。それ以下のレンズを超広角レンズといいます。私は広角24ミリのレンズのデジカメを使用しています。**広角のレンズで撮ると室内を広く見せられるというよさがあります。**

■下から撮る

撮り方で室内を広く見せるテクニックもあります。それは**部屋の隅から体を床面に這わせた状態で室内を撮ること。**このやり方でも空間を広く見せられます。

■照明は付けた状態で撮る

ＩＫＥＡなどでオシャレな照明を仕入れてきたら、**写真は必ず照明を付けた状態で撮っ**

てください。カッコよさがまったく違います。

■日中の一番明るい時間帯に撮る

やはり自然光で撮ったほうがキレイです。フラッシュをたいて見栄えのいい写真を撮るのは少し難易度が高いように思います。私は**曇りや雨の日は避けて、日中のもっとも明るい時間帯を選んで撮るようにしています。**

室内を上から撮った場合と下から撮った場合。
撮り方で室内空間の見え方が変わる。

賃貸募集は歯止めを用意したうえでハードルを下げていく

ここからは賃貸募集の条件についてお話ししていきます。

私の場合は入居者の家賃保証会社への加入は必須にしています。**家賃保証会社で行われる入居希望者の審査が私の入居審査**のようなものです。

審査を通れば属性がいま一つな方でも外国の方でも入居ＯＫとしています。逆に**審査を通らない人はどんな好条件を提示されたとしてもお断りしています。**

以前、家賃保証会社の審査に通らなかった人から、家賃を6カ月分まとめて前払いするから入居させてほしいという申し出がありました。その申し出を受ければ一気に数十万円の現金が入ってくるわけですから、まったく気持ちが揺らがなかったというとウソになってしまいますが、最終的には保証会社の審査を通らない人は迎えないという方針を守りました。

家賃保証会社は、入居者が家賃を滞納してしまった場合、その滞納分を肩代わりして大家に支払ってくれます。滞納分は家賃保証会社がキッチリ入居者から取り立てます。家賃保証会社の取り立ては厳しく、私たち大家の比ではありません。不良入居者がい続ける限り家賃保証会社は滞納分を支払わなければいけないので、家賃保証会社は家賃の支払い能力がなくなってしまった入居者を退去させることもあります。

ひと口に家賃保証会社といってもたくさんの会社があります。私がよくおつき合いさせてもらっているのは「賃貸ライフの頼れるパートナー」をキャッチコピーに掲げている全保連です。保証会社によって保証範囲が異なります。全保連の保証範囲は広いのですが、その分、入居時の審査はほかの保証会社よりも厳しめになっています。

私の知り合いの大家さんは家賃滞納をめぐって訴訟沙汰となり、最終的に強制執行に至ったのですが、そのときはかかった費用のすべてを保証会社が支払ってくれたそうです。強制執行は出費の面からも重たいです。弁護士から聞いた話では1Rで40〜50万円、ファミリー物件の場合は100万円程度にものぼるとのこと。

さて、迷惑入居者対策でやってはいけないことが1つあります。それは**ドアへの張り紙**です。家賃を滞納したり騒音をまき散らしたりする迷惑入居者が電話に応じない場合、ついドアに「至急連絡求む！ by大家」のような張り紙を貼りつけてしまいたくなりますが、これをやってしまうと**名誉毀損による不法行為になる可能性が大**だそうです。迷惑入居者に対しては張り紙ではなく、内容証明で手紙を送付するのが正しいやり方です。

内容証明
「誰から誰宛てに、いつ、どんな内容の手紙が出されたのか」を郵便局（日本郵便）が証明してくれる郵便。裁判沙汰になるような事態では手紙を送った・送っていないなどで紛糾する可能性があるが、そんなときに内容証明で郵便物を送っておけば、どのような手紙をいつ・誰に出したか郵便局が証明してくれるので証拠となる。

戸建て賃貸は敷金・礼金ゼロゼロでOK！

募集条件の1つに必ず含まれている敷金・礼金。戸建て賃貸の場合は敷金・礼金をそれぞれ家賃1カ月分ずついただいている大家さんが多いようですが、私は基本的に**敷金・礼金はともにゼロにしています**。入居者が入居時に負担する**初期費用を軽くすることで賃貸付けをスムーズにしたいから**です。

入居時の初期費用がいくらくらいかかるかご存じでしょうか？

初期費用は思いのほか高額です。初期費用の内訳を前払い賃料、敷金・礼金、仲介手数料、火災保険料、家賃保証会社保証料とします。

- 前払い賃料……家賃1カ月分（月の途中に入居の場合は日割り計算）
- 敷金・礼金……家賃1カ月分ずつ
- 仲介手数料……家賃1カ月分
- 火災保険料……2年で1万5000～2万5000円くらい
- 家賃保証会社保証料……家賃の20～50％

たとえば賃料が6万円なら初期費用は25～30万円程度かかります。もちろん引っ越し費用もかかります。とくに荷物の多いファミリー世帯は引っ越し費用がかさみますから、この初期費用が入居者にとっての高いハードルとなってしまいます。

初期費用、引っ越し費用をまかなえるキャッシュをいま持っている人にしか入居してもらえないのは、私からしてみるとやはり機会損失です。

ですので、私の場合は敷金・礼金を取っ払うことで初期費用を軽くしています。

私の所有物件はすべて戸建て物件です。そのことも敷金・礼金をいただかない理由の1つになっています。

敷金・礼金をいただかないことで危惧されるのが短期退去ですが、何度もいっているとおり戸建て物件の第一のターゲットはファミリーです。ファミリーは荷物が多く、お子さんの学校などの事情もありますからおいそれと転居というわけにはいきません。

短期退去の心配はシングル向けの物件と比べると少なくなります。それでも不安という方は、敷金・礼金がゼロゼロの代わりに、入居1年未満の短期退去の場合は家賃1カ月分のペナルティをもらい受けるなどの文言を賃貸借契約時に特約として入れておくことで対応することもできます。

戸建ては（条件付き）ペット可でいこう

ペットについては、私は**戸建て物件では絶対可にしたほうがよい**と考えています。

地方の街のドラッグストアやホームセンターをのぞいてみると、どのお店にも立派なペットコーナーがあることに気がつきます。やはりそれだけペットを飼っている人が多いということでしょう。ペット可の物件はペット不可の物件と比較したときに入居付けで大きなアドバンテージがあります。

ペット可のアパートもありますが、ペットを飼っている人はペット可のアパートとペット可の戸建ての2択なら後者を選ぶ人が多いのではないでしょうか。

以前、管理会社の営業の方とお話をしたときのこと。どうしても埋まらないアパートがあると嘆いていました。聞いてみると4世帯のメゾネットタイプのアパートで、しかもペット可。そのエリアでメゾネットタイプは珍しく、立地もまずまずで買い物にも困らない。それなのにいつも空室があるそうです。その理由は犬の鳴き声。ある程度部屋が埋まって1匹の犬が鳴き声をあげると、ほかの犬もみんな鳴き出して、その声がヤバい。犬を飼っている人でもひるんでしまうくらいなのだそうです。

戸建て物件はペット可にしたほうがよいと述べましたが、私の場合、**無制限にOKとしているわけではありません。**猫は建具などをひっかいたりするのでNGとしています。いままで内見してきた物件で、猫を飼っていた物件の破損度合いはけっこう深刻でした。犬も小型犬に限ってOKとさせてもらっています。

手間がかからないといっても自分で全部やるのは難しい

入居申し込みが入り、賃貸の契約が済めば、そのあとは物件を管理会社に管理してもらうことになります。管理会社には家賃入金管理や入居者からのクレーム対応などをしてもらうのですが、自主管理といって管理会社に依頼せずに自分で管理する大家さんもいます。

私は自主管理をしていません。理由は2つあって、1つ目はサラリーマンなので平日に入居者から連絡があった場合に対応するのが難しいこと。もう1つは、家賃保証会社への加入を入居の条件にしていますが、**不動産業者を介さない場合は大手の家賃保証会社を利用できないため**です(小規模の家賃保証会社では業者を介さずに利用できるところもあるようです)。

自主管理

入居者からのクレーム対応、家賃の入金管理、退去時の立ち会いなどを自ら行うこと。管理会社に物件の管理をお願いした場合は毎月の賃料の5%程度の管理費がかかるので、その分を節約できる。基本的に戸建て物件はアパートなどの共同住宅よりも自主管理がやりやすい。騒音トラブルが起きにくく、庭の植栽などアパートでいうところの共用部分まで借主がメンテナンスしてくれるため。しかし戸建てであってもサラリーマン大家には自主管理のハードルが高いことに変わりはない。

第**7**章

お金を残せる戸建て投資家になろう

「節税効果が高い」ってどういうこと？

築古戸建て投資は節税効果が高い――。

2012年から地方に建つ空き家を中心に投資を続けてきて実感していることです。

私の場合、いまのところ不動産からの収益はほとんど経費で相殺されていますので、不動産所得に関しては税金がかかっていません。物件取得時に修繕費用が多めになった場合は不動産所得が赤字になり、給与所得から赤字分が差し引かれ還付金まで受け取ったこともあります。不動産所得は給与所得と損益通算することができます。

ここからは、なぜ築古戸建ては節税効果が高いのかについてお話ししていきます。

まず、購入した物件の建物部分は減価償却費として経費にすることができます。

築古戸建てのほとんどが木造のはずです。築22年（木造物件の法定耐用年数）以上経過した木造物件の減価償却期間は4年（簡便法）と定められており、短期間で経

損益通算――
課税所得を計算する際に所得と損失を相殺して計算すること。不動産所得は給与所得と損益通算できる。たとえば、会社員で給与所得があり、不動産所得で損失が生じた場合、給与所得から不動産所得の赤字分をマイナスしてトータルの所得を計算する。その場合、給与所得は源泉徴収ですでに税金を納めているのでマイナス分の税金に関しては還付金を受け取ることができる。一方、不動産の売却益は分離課税のため給与所得や不動産所得と損益通算することができない。

費に計上することができます。**短期間で経費計上できるということは1年あたりで経費にできる金額が大きいということ**です。

減価償却できるのは物件の建物部分に関してのみで、土地部分は減価償却することができません。

では、物件価格における建物部分と土地部分の割合というのはどのように決められるのでしょうか。

私はいままで7戸の戸建てを取得してきましたが、そのへんはかなりアバウトでした。「そっちで勝手に決めちゃっていいですよ」という感じの業者や売主のときには建物の割合を高めに設定して減価償却費が多く出るようにしています。とはいえ、300万円の物件で建物290万円、土地10万円のような一見してあり得ない按分率の場合は税務署からツッコまれる危険性があります。固定資産評価証明書を参考に、さりげなく建物比率を高めに設定するくらいが無難でしょう。

さて、建物比率を多めに設定して減価償却費を多くとると、実はあるときに税金がたくさんかかってしまいます。

それは**物件の売却時**です。

売却時に得た譲渡所得に対して課税されるのですが、多額の減価償却費を計上していると売却時に利益がたくさん出てしまい、より多くの税金が課税されてしまうのです。

たとえば法定耐用年数オーバーの戸建て（築22年以上の木造戸建て）A・Bを購入したとします。

A　建物300万円、土地100万円の物件

B　建物50万円、土地350万円の物件

これらの物件を取得から5年後に売却するとします。法定耐用年数オーバーの物件の減価償却期間は4年なので、5年後ということはすでに減価償却は終了しています。この時点で建物の価値はゼロです。

A・Bはそれぞれ350万円で売却できたとします。

このとき、所有期間が5年を超えての売却なので長期譲渡所得となり、20％の税率で課税されます（所有期間5年以下で売却の場合は短期譲渡所得で税率は39％）。譲渡税は売却益×20％で求めます。

Aの場合を見てみましょう。建物部分は減価償却されています。売却価格350万円－建物の取得費0万円－土地の取得費100万円＝250万円。250万円が利益です。ですので、250万円×20％＝50万円。50万円が税金で持っていかれます。

新築であればこの減価償却期間になるが、中古の場合は、減価償却期間＝（耐用年数−経過年数）＋経過年数×20％で求める。仮に木造で築10年が経過している場合は、（22−10）＋10×20％＝14年となる。耐用年数オーバーの場合は減価償却期間＝耐用年数×20％で求める。木造で耐用年数オーバーの場合は、22×20％＝4年になる（2年以上の場合の1年未満の端数は切り捨て）。

一方でBの場合、売却価格350万円－建物の取得費0万円－土地の取得費350万円となるので利益ナシ。譲渡税はかかりません。

ガッツリ減価償却している場合には売却時に税金が重くなることを覚悟しないといけません。

減価償却費以外の経費についても見てみましょう。

築古戸建てはほとんどの場合、購入時に費用をかけてリフォームを行うはずです。リフォーム費用は修繕費として一括で経費に計上することができます。ただし、なかには修繕費ではなく「資本的支出」として複数年にわたって減価償却しなければいけないものもあるので注意が必要です。

そのリフォームは修繕費なのか、資本的支出に当たるのか。この判断は難しいのですが、国税庁のホームページには次のように書かれています。

（修繕費は）固定資産の修理、改良等のために支出した金額のうち、その固定資産の維持管理や原状回復のために要したと認められる部分の金額

（資本的支出は）当該固定資産の価値を高め、又はその耐久性を増すこととなると認められる部分に対応する金額

例えば次に掲げるような金額は、原則として資本的支出に該当する。

減価償却

簡単にいうと一度に全部を経費にしないで、毎年少しずつ経費として計上すること。不動産投資の場合は主に購入した物件の建物部分を減価償却することになる。土地は建物のように老朽化しないので減価償却することができない。物件購入費のうちの建物部分のみを経費として減価償却していく。減価償却期間は物件の耐用年数に応じて異なる。RCは47年、重量鉄骨は34年、軽量鉄骨は27年、木造は22年。↗

（1）建物の避難階段の取付等物理的に付加した部分に係る費用の額
（2）用途変更のための模様替え等改装又は改装に直接要した費用の額

簡単にいうと**修繕費は原状回復のためのリフォームにかかる費用。資本的支出は物件価値を高めるためのリフォームにかかる費用。**

戸建て物件のリフォームでポピュラーな外壁塗装やクロスの貼り換え、クッションフロアの交換などは回復のためのリフォームと考えられるので修繕費として一括で経費に計上できそうです。

ではシステムキッチンを入れたり、ユニットバスに交換したりした場合はどうでしょうか？

これらは物件価値を高める修繕ということで、基本的に資本的支出に当たり資産として計上する必要がありそうです。ただし、**20万円未満の支出にとどまった場合は修繕費として一括で経費に計上できます。**もちろんキッチンやユニットバスの交換にも適用されて、20万円未満であれば一括で経費に計上することができます。

そのほかにも借入金利子、管理会社に支払う管理費、賃料の振込手数料、火災保険保険料なども経費として計上できます（借入金利子は不動産所得が黒字のときのみ経費にできます）。

戸建て賃貸は5戸持っていると節税効果がさらにアップ

不動産投資は「事業的規模」と認められると節税の幅が広がります。

事業的規模と認められるには、まず5棟10室以上の物件を所有している必要があります。**戸建て物件は1戸で2室換算されますので、5戸の戸建てを所有していれば事業的規模になります。**

事業的規模と認められるにはもう1つ条件があって、それは**青色申告で確定申告をすること**です。

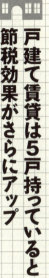

さて、晴れて5戸以上を所有する大家となった場合、節税効果は税務署に届出を提出することで享受できるようになります。提出する書類は「個人事業の開業・廃業等届出書」「所得税の青色申告承認申請書」、ご家族に給与を支払う場合には「青色事業専従者給与に関する届出書」も必要です。

書類の提出期限は、「個人事業の開業・廃業等届出書」は開業の日から1カ月以内。「所得税の青色申告承認申請書」「青色事業専従者給与に関する届出書」は開業の日から2カ月以内（その年の1月15日以前に開業した場合は3月15日まで）となっています。

書類の提出について補足があります。所有する戸建てが5戸を超えた私は、その年度分の確定申告から青色申告にするために「所得税の青色申告承認申請書」を税務署に提出しました。帳簿に記帳するためのソフトも用意して、毎月一生懸命記帳作業を続けていきます。青色申告では正式な記帳方法である複式簿記で記帳しなければいけないので、それまでやっていた白色申告と比べるとかなり面倒です。

そんなときネットで調べ物をしていると、あることに気がつきました。

私は「個人事業の開業・廃業等届出書」を出していなかったのです。国税庁のホームページには次のように書いてあります。

事業的規模の不動産貸付けを開始したときは、開業の日から1か月以内に「個人事業の開業・廃業等届出書」を提出することが必要です。

ヤバい！　1カ月なんてとっくに過ぎています。もしかして青色申告することができない!?　あわてて知り合いの税理士さんに電話を入れます。

私「あのワタクシ、青色申告できるんでしょうか？」

税理士「大丈夫です。いまからでもすぐに開業届を出しておきましょう」

心強い言葉をいただき、さっそく開業届を税務署に提出しに行きました。そこでの税務

戸建て投資と「事業的規模」

戸建ては1戸2室換算

5戸で「事業的規模」になれる

事業的規模のメリット

- 間接経費も経費にできる
- 65万円の青色申告特別控除を受けられる
- 家族に給料を支払い、所得を分散できる

署員の反応は意外なものでした。

「いま出していただければ大丈夫ですよ。そんなにカチカチなものではないので」

一瞬ヒヤリとしましたが、何とか事なきを得ました。「個人事業の開業・廃業等届出書」はガチガチではないようですが、**「所得税の青色申告承認申請書」は必ず期限内に提出しておかないとその年から青色申告することができません。**

■事業的規模になると、どんな税の恩恵がある？

まず、事業的規模の大家になると、直接経費だけでなく間接経費も経費として認められるようになります。

◎直接経費……減価償却費、借入金利子、固定資産税、物件管理費など

❾間接経費……物件視察の交通費、セミナー参加費、交際費など

物件調査、物件管理、業者への営業回りなどは自家用車を使用することが多いと思います。**車の購入費、ガソリン代、保険料、車検代、メンテナンス費なども使用割合に応じて経費として計上できます。** たとえば車を週末の2日間のみ不動産賃貸業に使用しているとしたら、1週間のうちの2日ということで、車の費用総額の7分の2を経費として計上します。車の購入費は、新車で6年、4年落ち以上の車なら2年で減価償却できます。車の購入費も使用割合に応じて経費にできます。

また、記帳を複式簿記で行って青色申告すると、青色申告特別控除を受けることができます。利益が出たときにしか使えませんが、**65万円をその年の所得から差し引けます。**

そして青色事業専従者給与として家族に給料を支払えるのも大きなメリットです。所得税や住民税は所得が高いほど税率が高くなりますから、1人あたりの所得金額を抑えたほうが税金は安く済みます。**家族間で所得を分散することは税金面で大きなメリットがあります。** ただし、青色事業専従者（青色申告を行う事業者と生計を一にする配偶者や15歳以上の親族で、年間6カ月を超えてその事業にもっぱら従事している人）になると、扶養控除、配偶者控除を受けることができなくなる、パートなどほかから収入を得ることに制限がかかるなどの制約もあります。

戸建て大家にも法人は必要？

私の周りには法人を設立している大家さんがたくさんいます。これは主に節税のためです。**不動産投資を個人でやるのか、法人でやるのか？ 法人を設立するとしたら、そのタイミングは？** 不動産投資をやっている人なら誰もが一度は考えることです。

そのときにまず検討しなければいけないのは課税所得です。234ページに示したように所得税は所得額に比例して高くなっていきます。家賃年収が増えて所得額が増えるとそれだけ税金も高くつくわけですが、法人を設立すればこの所得額を個人・法人で分散することができます。**所得を分散することで、個人・法人それぞれの課税所得が低くなります。**

不動産所得が増えて個人の所得額に対する税率がもうイッパイイッパイだなとなったときが法人化する1つのタイミングだと思います。RCマンションなど規模の大きな一棟物を持つ大家さんは、家賃収入がかなりの額にのぼるため所得税が多額になります。その所得を圧縮するために最初から法人をつくって、法人で物件を購入するケースもあるようです。

一方、築古戸建てをターゲットとする大家は所得額がそんなに大きくなることはありません。私は戸建てを7戸所有していますが、いまのところ不動産所得は経費を差し引くことで相殺されています。

所得税と法人税の税率

個人の所得税

課税所得	税率
195万円以下	5%
195万円超〜 330万円以下	10%
330万円超〜 695万円以下	20%
695万円超〜 900万円以下	23%
900万円超〜 1,800万円以下	33%
1,800万円超〜 4,000万円以下	40%
4,000万円超	45%

法人の法人税等

課税所得	実効税率
400万円以下	約21%
400万円超〜 800万円以下	約23%
800万円超	約36%

※「法人税等」には地方税が含まれており、
その地方税は自治体ごとに税率が異なる。
上記は東京都の例。

築古戸建ては減価償却費が多く出ますし、購入当初の修繕費も多めにかかってくるからです。事業的規模になれば65万円の青色申告特別控除もありますから、課税所得が増えすぎることの心配はいりません。ですので、私の場合は当面、法人化の予定はありません。

■法人化のメリット・デメリット

法人化のメリットとデメリットについてまとめておきます。まずはメリットから。

小規模企業共済に加入できる

小規模企業共済は、個人事業主や小さな法人の役員にとっての退職金制度です。月々最大で7万円、年間で最大84万円まで掛金をかけることができて、**この掛金全額を課税所得から差し引けます**。また、共済金は退職金として受け取ることができます。退職所得はほかの所得と比べて税金面で大きな優遇があります。

この小規模企業共済は給与所得を得ているサラリーマン大家は加入することができませんが、**法人を設立してその法人の役員になれば加入することができます**。

所得分散効果が強力

個人事業主は自分に給与を支払うことはできませんが、法人なら社長や役員となった自分に給与を支払うことができます。**その給与は法人の経費になります**。

さらに家族に給与を支払うこともできます。個人で青色申告している場合は家族に対して青色事業専従者給与を支払うことができますが、扶養控除を受けられなくなるなどの制約があります。法人の場合は給与額にもよりますが、扶養控除を受けることはできますし、その法人以外からの収入があっても給与を支払うことができます。

法人から個人、その家族まで所得を分散できるのが法人化の最大のメリットになるでしょう。その反面でデメリットもあります。

記帳が煩雑になる

法人は記帳などの会計・税務作業が個人と比べて非常に煩雑です。確定申告書も個人と法人で2種類作成する必要があります。当然、税理士に支払う報酬もアップします。

青色申告の特別控除がなくなる

法人が払うのは法人税です。法人税には65万円の青色申告特別控除はありません。

赤字でも払わなければいけない税金がある

法人はたとえ赤字決算になったとしても、法人住民税の均等割（7万円ほど。地域によって異なります）を必ず納めなければいけません。

税務調査に入られやすい

個人と法人では税務署がやってくる頻度が違います。

税務署に目をつけられやすいのはどんな大家さん？

これも不動産投資熱が高まっていることの余波なのでしょうか、最近は不動産投資家のところに税務調査がやってくる件数が増えているようです。投資家のブログでも「自分のところにも来ました！」なんて記事をしばしば目にします。

管轄の税務署から調査官が派遣されて、売上をごまかしていないか、架空の経費を計上していないかなど、申告内容にアヤしいところがないかあらためられる税務調査。この税務調査、どんな人がターゲットになりやすいのでしょうか。

まず、**法人をつくっている人**が挙げられます。法人は個人よりも税務調査に入られる確率が高く、税務調査対象件数に対して実際に税務調査が行われる割合は個人の1％程度に対して法人は5％程度とされています。

個人は法人に比べると心配は少ないわけですが、個人の場合でもこんな人は注意が必要です。

それは**毎回の確定申告が赤字になっている人**。とくに赤字額が大きい人は税務署の目にとまりやすいそうです。逆にいえば、赤字でもギリギリ赤字とかプラスマイナスゼロくらいの人は目につきにくいということでしょう。

そして**確定申告を自分で行っている人も税務署の格好のターゲット**になります。不動産投資を始めたばかりであれば記帳作業などもそれほど煩雑ではないので、税理士に頼らずに確定申告を自分で済ませるケースは多いと思います。私もそうだったのですが、このように自分で確定申告することは税務調査の観点からすると注意が必要です。

税理士にお願いして確定申告すれば申告書に税理士の署名が入ります。それが税務署員を警戒させる効果があるのだそうです。

自分で確定申告している人が税務調査に入られたら調査官との力の差は歴然です。税務署側は細かなところまでダメ出しをしてガッポリ**追徴税**をとることができるでしょう。

税理士がついている場合はそういきません。税に関する知識で明らかな力の差はないでしょうから、重箱の隅をつつくようなダメ出しは通用せず、しぶしぶ少ないお土産で引き下がることが少なくないのだそうです。

追徴税
本来支払うべき税額よりも低い税額を申告していると判明したときに追加で課される税金のこと。近年、不動産投資家が税務調査の対象となるケースが増えている。法人のほうが税務調査の対象になりやすいが、個人でも経費があまりにも多い場合や転売などでの売却益がある場合には税務調査に入られることがあるといわれる。税務調査では調査官が手ぶらで帰るケースはめったになく、調査に入られそうな人は税理士とのパイプをつくるなど日ごろからの対策が大切になる。

大家さんとふるさと納税

2014年は、ふるさと納税が盛り上がった年でした。テレビの情報番組や雑誌で特集が組まれたり、ふるさと納税の達人がその生活ぶりを紹介した本がベストセラーになったりもしました。実際のところ、ふるさと納税は非常にお得な仕組みです。個人が自治体に寄付すると、返礼としてその地域の豪華特産品が送られてきます。私もはじめてふるさと納税をしてサーロインステーキやお米などを受け取ったときには感激してしまいました。

ふるさと納税として寄付したお金は、寄付金から2000円を引いた額が所得税の還付と住民税の控除によって戻ってきます。たとえば1万円を寄付した場合なら、8000円が手元に戻ってきて、持ち出しになるのは2000円のみということです。

ただし、還付、控除される額には限度があります。限度額を超えてふるさと納税をすると、実質負担額が2000円を超えてしまいます。

持ち出しになるのは2000円のみ
実際には、8,000円は所得控除の対象で、たとえば所得税率が20%の人であれば8,000円×20%＝1,600円が所得税から還付される。住民税は、8,000円×10%＝800円が税額控除される。さらに8,000円に達しない部分が、個人住民税から所得割の20%を限度に税額控除され、8,000円は所得税、住民税を通じて手元に戻ってくる。なお、復興特別所得税は説明の都合上省略している。

2104年までは住民税の所得割のおよそ10%が限度額の目安でしたが、ふるさと納税の盛り上がりを受けてリミットが引き上げられ、2015年は住民税の所得割のおよそ20%が限度額の目安になります。この限度額は個人の所得に左右されます。

少々前置きが長くなりましたが、**不動産投資家は限度額に注意が必要**です。

たとえばサラリーマンをやっていて給与所得以外の収入はないという人なら、その年の所得がいくらくらいになるのかだいたい想像がつきます。一方で、**不動産投資家は今年の不動産所得がいくらになるのか想定することができるでしょうか?**

突発的な修繕が発生して所得が多めに削られるかもしれません。空室が立て続けに発生して家賃収入が目減りするかもしれません。急きょ年末に物件を購入となって、そのときにたくさん経費がかかるかもしれません。その年の終わりになってみなければ不動産所得がいくらになるのか正確なところはわかりません。

年の前半にたくさんふるさと納税をしたはいいけれど、思った以上に不動産所得が少なくなってしまった場合、寄付金の額が限度額を超えてしまえば2000円を超えて持ち出しが発生してしまいます。不動産所得の見通しが立ってくる年末に近いタイミングでまとめてやってしまうというのは、不動産投資家なりのふるさと納税のやり方かもしれません。

戸建て物件でも5年たったら売却を考える

個人が物件を売却したときにかかる譲渡税は分離課税です。分離課税ですので、譲渡所得は給与所得や不動産所得と損益通算することができません。これは、ほかの赤字の所得と合算して税金を少なくすることはできないということです。

個人が物件購入から5年以内に売却した場合は短期譲渡所得となり、売却益に対して39%の税率で課税されます。4割弱ですから肌感覚では利益の半分近くを税金で持っていかれる感じといってもいいかもしれません。

物件の所有期間が5年を超えれば長期譲渡所得になり、税率が20%に下がります。39%と20%ですから、個人の場合は5年保有してから売却したほうが税金面では明らかに有利です。

一方で、法人が物件を売却した場合はどうなるのでしょうか。

法人の場合には短期も長期も関係ありません。売却益も法人の所得になりますので所得額に応じた法人税が課税されます。

分離課税

ある所得をほかの種類の所得と合算せずに、別々に課税すること。個人が不動産を売却するときに生じる譲渡税は分離課税となる。給与所得と不動産所得は合算されるが、不動産の譲渡所得は合算できず、別に課税される。一方、法人では譲渡所得も会社の利益も同一の収入とみなされ法人税が課税されるので、分離課税されることはない。

法人税の税率は234ページに示したとおりおおむね21〜36%ほどですから、**短期の場合は法人で売却したほうが税金が安くなりますが、長期で売却した場合は個人のほうが得になります。**短期保有で物件の売却を繰り返す人であれば、法人で購入したほうが納める税金は少なくて済みます。

5年は短くないと考える私なりの理由

私は物件を購入してから5年が経過したときに売却を考え始めます。「たった5年しか持たないなんて戸建て物件だし短すぎるのでは？」というご意見もあるかもしれません。5年をメドにするのには3つの理由があります。

1つ目の理由は先ほど述べた短期譲渡所得と長期譲渡所得の違い。

2つ目の理由は5年後の近い未来であれば、ある程度予測できると考えているからです。10年後の未来となると想像もつきませんが、5年後であればいまとそれほど変わっていないのだろうなということがイメージできます。不動産のマーケットは株式市場などと比べると変化のスピードが緩やかです。私が持っている地方の物件ならなおさらです。

地方に建つ物件ですから、もう少し長いスパンで考えると人口の減少で衰退していく危険性は常にあります。第3章で取り上げたように街の主要機能と人を集約させるコンパクトシティ構想も進められているので、私は**地方で必要以上に長く物件を所有するのは得策ではない**と考えています。

そして3つ目の理由。

私が狙っているのは実質利回りで15％以上のパフォーマンスを出せる物件です。実質利回り15％以上の物件を5年間所有すれば資金を75％回収できることになります。空室期間もありますからキッチリ75％とはいかないまでも、それに近い割合は回収できているでしょう。

5年たてばすでに投資額のほとんどを回収していることになるので、その物件の投資に関しては成功しているといえます。75％回収したあとに売却するとして、5年経過したことで物件価値が落ちているといっても、400万円で購入した物件がいきなり半額になってしまうようなことは考えられません。

むしろ**安く買えれば購入価格とそれほど変わらない価格で売却することができる**と考えています。手持ちの物件がどれくらいで売却できるのか知り合いの不動産業者に協力してもらってリサーチしていますが、いまの時点では私が想定している価格（購入したのとほぼ同じ価格）で売却できそうだという感触を得ています。

物件を高く売るために欠かせない条件

実需と投資家、どちらに売るほうが利益が多くなるでしょうか。

戸建て物件は空き家の場合、マイホームとして実需向けに売ることができますし、賃貸が付いている場合は収益物件として投資家に売却することもできます。

実需に売る場合と投資家に売る場合、どちらが高く売れるかというと、それは実需に売った場合となるでしょう。

収益物件として売却する場合には利回りが重要になってきます。**地方の戸建てで築20～30年であれば利回りは15%は付けなければ売却は難しい**でしょう。賃料5万円とすれば売却価格は400万円です。

実需に対してはキレイにリフォームすれば500万円や600万円で売れる可能性もあるはずです。不動産ポータルサイトで確認してもらうとわかりますが、**築20～30年の地方物件であってもリフォーム済みのものであれば、それくらいの価格で売りに出されています。**

ただし、収益物件として売却する場合にもメリットはあって、それは賃貸付きで売却するときには売却期間中も家賃収入があること。実需に売却する場合には売却期間中は常に空室にしておかなければいけませんから当然収入は発生しません。

■餅は餅屋に依頼してこそ高く売れる

収益物件を高く売る手段としては、満室にする、リフォームをして見栄えをよくするなどの手が一般的ですが、売却を依頼する不動産業者の選定についても忘れてはいけません。

街には不動産屋さんがたくさんあります。賃貸専門の不動産業者、売買専門の不動産業者、売買専門でも実需向けに物件を仲介する業者もあれば、収益物件を専門的に仲介する業者もあります。

実需向けに物件を売却する場合は、当然、地場で集客力があり実需向け物件を得意としている業者に依頼するのがベストですし、賃貸付きで収益物件として投資家に売却する場合は専業で収益物件を仲介する業者に依頼するのがベストです。

間違っても実需向けに売買している業者に収益物件を持ち込んではいけません。**それをやってしまうと値付け間違いになりかねません。**普段収益物件に触れていないので価格設定がわかりません。利回りなどの概念がないのです。お客さんはマイホームとして住みたい方ばかりですから、いつ売れるかもまったくわかりません。

ではどうやって収益物件を専門に売買している不動産業者を見つけるかというと、楽待や健美家などの不動産投資ポータルサイトで見つけるのがよいと思います。これらのサイトで何件も物件情報を閲覧していると、「ああ、またここが仲介している」というふうに頻繁に目にする不動産業者が出てきます。**この業者こそ収益物件を専門的に仲介する業者**です。

また、収益物件として客付きで売却する場合にもう1つ大事になるのが、**入居前の物件写真をしっかり残しておくこと**です。入居中の物件を購入する場合には内見ができません。私も客付きの戸建てを購入したことがありますが、なかの状態を確認できないままというのは大きな不安材料です。

入居前の物件写真が残されていれば、少なくとも入居前の状態は確認できるのでいくらか安心です。もちろん、リフォーム後のキレイに仕上がっているところを写真におさめておくのがよいのはいうまでもありません。

■売値は売り方で大きく変わる

相対《あいたい》で取引される不動産に決まった価格はありません。同じスペックの物件でも300万円で売れることもあれば500万円で売れることだってあります。

車を売るときには洗車してから査定に持っていくと高い見積もりが出る、ネットオークションは掲載写真の見栄えが売値を左右するといった話を聞いたことがあると思います。不動産も同じです。

人が品定めするときは見た目の影響を強く受けてしまうというメラビアンの法則は物件売却時にも当てはまります。物件情報を見ていると、「○年△月に外壁塗装済み」などの文言を見かけることがあると思います。これはもちろん、物件の外壁を塗り直してから売りに出したほうが高く売却できるという判断があってそうしているわけです。

そしてもう1つ大事なのが**優秀な営業マンに売ってもらうこと**です。

物件購入時に何度も内見をしていると、どこの業者のどの担当者さんが優秀なのかわかってきます。内見しているときには、物件だけでなく、「この人は話が巧みだな」とか「この人は人柄がよさそうだし誠実そうだな」と営業マンの値踏みもしているはずです。

そういう人に営業されるとつい手を伸ばしてしまいたくなります。それはほかの人も同じです。**自分がつい買いそうになってしまった営業マンが優秀な営業マン**です。

物件の売却を思い立ったら、そのような優秀な営業マンにじかに話を持っていって売却の相談をするようにしてください。優秀な担当者さんとのタッグは高値で売り抜けることを強力に後押ししてくれるはずです。

不動産会社
社長に
インタビュー

収益物件専門の不動産会社としてノウハウを培ってきた「なごみ」社長の柳田武道さん

今回インタビューさせていただいたのは千葉にある不動産会社「なごみ」の社長・柳田武道さんです。武道さんは実は、第6章にインタビューを掲載したリフォーム業者「ピカいち」柳田将禎さんのお兄さんなのです。

武道さんはもともと大手ハウスメーカー系列の会社にて都内で新築分譲マンションを販売されていました。その後、千葉県の地場業者に転職、営業社員として働くかたわら自分でも投資用の物件を購入し運用していたそうです。あるときお客さんから「収益物件をもっと紹介してほしい」と頼まれたそうですが、勤めていた会社は実需向けの住宅販売が中心。それなら自分で収益物件専門の業者を立ち上げようと一念発起し、起業されました。

「なごみ」では千葉県内を中心に収益物件の売買仲介・賃貸の仲介・物件管理などを行っています。購入から賃貸・管理・売却に至るまで面倒をみてもらえるので投資家からするとありがたい会社です。修繕が発生したときもリフォーム会社「ピカいち」と提携しているので迅速に対応してもらえます。

そんな「なごみ」の柳田武道社長に戸建て賃貸投資についてお話をうかがいました。

ズバリ、割安の物件を見つける方法はありますか？

まずは自分にとってなじみがある地域で物件の相場観を養うことです。情報収集は毎日続けるべきです。相場観が身につくにつれて投資エリアを広げていけば割安な物件に出会える確率が上がっていきます。

あとは継続することがとても大事ですね。1年間情報収集した人と3年間やった人では当然成果も違ってきます。なかなかよい物件にめぐり会えなかったとしても簡単にあきらめずに続けることで少しずつ結果がついてくるはずです。これは不動産投資に限らず何にでも共通していえることだと思います。

まず土地勘のあるところから始めて徐々にエリアを拡大していくわけですね。やはり自分の知らないことにお金を突っ込むのは危険です。賃貸経営をしていればだんだんとノウハウや土地勘のあるエリアは広がっていきますから、コツコツ積み上げていくことが大事だと思います。

狙い目の物件はどのような物件とお考えですか？

相続などの事情があって限られた時間内で換金しなければならない物件ですね。相場よりもかなり安く売りに出されることがあります。

私が購入した物件にも相続物件があります。おっしゃるとおり割安で買うことができました。

賃貸が決まりにくい物件はどんな物件でしょうか？

特徴がない物件ですね。立地を気にさ

れる大家さんがけっこういらっしゃいますが、立地が悪くても家賃が相場よりも極端に安ければ埋まります。あと、地方で駐車場がない物件はやはり厳しいですね。駅まで距離のある物件では駐車場が敷地内にあるかどうか、悪くても近隣に貸し駐車場があるかどうか。これは大きなポイントです。

私の経験からいうと、駐車場がない物件でも庭などを潰して安い費用で駐車場を造作できる場合には十分検討できると思います。まずはリフォーム業者さんに確認してみることが大事です。

　事故物件も賃貸付けで苦労しそうですが、実際のところはどうなのでしょうか？

弊社では、過去に建物内で人が亡くなったいわゆる事故物件なども取り扱うことがあります。1つの事例としては、相場の60％程度の賃料に設定したところ多くの反響をいただき、そういったことよりも実利をとられる方が借りていらっしゃいます。

事故物件であっても賃料と天秤にかけて入居をいとわない人がいるということですね。価格次第ではそのような心理的瑕疵物件を選択肢に入れるのもアリなのかもしれません。

逆に賃貸が決まりやすい物件というのはどんな物件でしょうか？

競合が少ないエリアにある物件ですね。需要がありそうなエリアでも競合物件が多くあると、1Rなど単身者向け物件は苦戦する傾向にあります。

　弊社では、千葉県内で比較的人口が少ないエリアで自社アパートを所有したり物件管理を行っています。人口が少ないエリアでは大手資本の新築アパートなどが立ちにくいですから競合する物件自体が少なく、賃貸ポータルサイトをチェックすると5〜6件しか募集物件が出てこないなんてことがあります。そういった立地の物件は需要が乏しく賃貸経営も難しそうだと思いがちですが、競合する物件が限られているためその地域の需要を独占できるメリットがあります。そのような地域でも少ないながら人の動きはあり、その需要をうまく取り込めれば都市部にある激戦物件を運営するよりやりやすい場合があります。

千葉県内でも空室率が40％を超えているようなエリアがありますね。私もそんなエリアでは客付けは難しいと思っていましたが、戸建て物件を買って飛び込んでみたところ、募集をかけてから2週間程度で賃貸が付いてくれて拍子抜けしてしまったことがあります。人が少ないなかでの需要＞供給ということですね。

客付け時にポイントになることを教えてください。

清潔感のある部屋づくりを心がけることだと思います。それほど設備は整っていなかったとしてもキレイに清掃されているだけで印象は大きく違います。一方でリフォームで手を加えすぎてしまうと費用がかさむ分、家賃を下げる余地がなくなってしまいます。

あとは細かなところでは内見にみえたときに室内の電気がつかないのはお客さまの印象がよくないですから、内見に備えて電気は常につく状態にしておいたほうがよいと思います。

客付けで大事なのは清潔感、と。以前、自分が住む用の戸建て物件を見に行ったとき、売れ残っていたのはクロスにカビが生えていたり庭がジャングル状態の手入れが行き届いていない物件でした。リフォームに必要以上のお金をつぎ込む前に、まずは物件をキレイな状態に保つということですね。

ダメな管理会社とよい管理会社を見分ける方法はありますか？

よくない管理会社は賃貸ポータルサイトへ物件情報掲載を依頼してから実際に掲載されるまでが遅いですね。掲載されたとしても物件写真が少なかったり、物件アピールのコメントが通り一遍などの特徴があると思います。

賃貸付けの依頼をしてからのアクションが遅い業者さんっています。依頼してから2週間たってもネットに物件情報すら載せてくれない業者さんがいました。そのような業者さんにお願いしていたらいつまでたっても賃貸が決まるわけがありません。

不動産投資のなかで戸建て賃貸に関してはどのようにお考えですか？

弊社で管理している物件では音の問題が原因となって退去される方が意外と多いんです。戸建ては共同住宅に付きものの隣同士・上下間との音の問題をクリアできますから、管理は戸建て賃貸のほうがしやすいですね。供給面では戸建て物件を探している方が多いわりに市中の物件数が少ないように感じます。賃貸のニーズも、私どもが営業しているエリアでは戸建て賃貸のほうがRCやアパート物件よりも多いですね。

共同住宅ではお隣さんとの問題は切っても切り離せません。私も管理のラクさ加減は戸建て物件の大きなアドバンテージだと実感しています。

　地方に建つ戸建て物件を投資対象にするときに注意する点はありますか？

中古物件がターゲットになることが多いと思いますので、想定外の修繕費が発生してしまうことです。インフラの整備が十分でない地域もまだまだあります。たとえば飲料水に井戸水を使っているけれど、空室などで相当期間井戸を使用していない住宅の場合。井戸が枯れてしまって水が出ず、水道管も近くに通っていないとなってしまったら水道管引き込みに多額の費用がかかってしまいます。

井戸の物件って地方ではけっこう見かけます。水質の問題があるほか、水を汲み上げるポンプが壊れたりすると修繕費が高くつくので、私も井戸水の物件はあまり好きではありません。

戸建て賃貸の出口戦略についてはどのような見方をされていますか？

賃貸中の戸建てであれば、最近ではオーナーチェンジの戸建て物件限定でリサーチされている投資家のお客さまが多くいます。もちろん、自分が住むための物件をお探しのお客さまも多くいらっしゃいます。

賃貸中でも空室でも、一棟アパートや一棟マンションなどと比べ購入を検討している人の数は多いと思います。

地方の戸建て物件は価格が価格ですから流動性が高い資産なんでしょうね。不動産投資では資産の換金性も大事な要素です。この点も戸建て賃貸の強みです。

　外壁を塗ってから売ると高く売れるとか、アパートやRCマンションだと全室埋めてから売りに出すのがよいとかよくいわれていますが、ほかに物件を高く売るポイントってありますか？

ターゲットを絞り売却しやすい状態をつくり出すことだと思います。たとえば入居者が退去後に、自分で住む実需層の方に売却しようとする場合、ある程度外装がリフォームされて程度のよい状態のものは売れやすい傾向があります。一般の実需層は不動産投資家のようにリフォームに慣れていませんから、修繕には多額の費用がかかると思っている方が多いのです。購入後に修繕などの手をかけずに、そのまま住める状態にしておいたうえで内見していただくことが早期売却につながると思います。

　一方で投資家に売却する場合は、やはり入居者がいる状態での売却が容易だと思います。最近は戸建てに投資しようとする投資家さんの数は以前と比べて圧倒的に増えています。地域相場並みの賃料で賃貸中の戸建てに関しては、多少建物のコンディションが悪くても売れやすい傾向にあります。

今後の戸建て賃貸はどのようになっていくとお考えですか？

これからますます不動産投資家さんたちの間で投資対象の1つとして浸透していくはずです。

私も最近は戸建て賃貸をやる投資家さんが増えたな、と感じています。大家の会などの集まりでも、いまは戸建て賃貸の同志を見つけようと思ったらあっさり見つかります。

ひところはRCなど一棟物件に人気がありましたが、物件価格上昇に伴って安定感の期待できる戸建て賃貸にシフトする方が増えています。少額で挑戦できることから、弊社のお客さまには20代から戸建て賃貸を運用している方もいらっしゃいます。

合同会社なごみ

ホームページ　http://www.nagomi.org/
TEL　043-302-3003
FAX　043-302-3009

初心者を失敗から遠ざけてくれるありがたい場所とは？

不動産投資の失敗パターンで一番多いもの。それは**1件目の物件での失敗**だと思います。

初心者が不動産投資で失敗しないためにもっとも大事なことは何かと聞かれたら、私は、**「不動産投資の先輩を見つけること」**と答えます。

先達として不動産投資で成功している人は不動産業者、リフォーム業者、プロパンガス屋、司法書士、税理士に至るまですでに人脈を築いています。不動産投資でこわいことの1つは業者にいいように扱われることです。先輩投資家の口利きでリフォーム業者を紹介してもらえれば、ボッタくられるかも……といった心配は相当減ります。得意客からの紹介ということでむしろ少し安くやってもらえるかもしれません。

そして、物件を購入する前にはその先輩投資家に物件を見てもらうことをおすすめします。内見に同行してもらえると言うことナシですが、それが難しい場合には物件資料を見てもらって意見をうかがうようにしてください。

そこでの評価がイマイチであれば、その物件は買うべきではありません。私は駆け出しのころ、**いくら自分がよいと思っても先輩投資家の同意を得られない物件は絶対に買わないようにしていました。**不動産初心者の私とは圧倒的に経験値が違いましたから。

とはいえ、不動産投資に通じている人なんて身の回りにそうはいないと思います。

そんなときは不動産投資コンサルタントを頼るのも1つの手です。コンサルタントならメールや電話で相談することができますし、不動産投資は地方戸建てでも数百万単位の買い物ですから月数万円程度のフィーであれば支払う価値はあると思います。もちろん、ずっとコンサルティングし続けてもらう必要はありません。1つ目の物件の購入までとか、客付け成功までとか、ある程度期間を区切って教えてもらえばいいと思います。

さて、身の回りで先輩投資家を探そうとするよりも、コンサルタントに頼ろうとするよりも、いいと思う方法があります。私が一番いいと考えているのは、**大家の会など不動産投資家が集まる場に参加すること**です。

大家の会にはバラエティ豊かな大家さんがいます。新築アパートをやっている人もいれば中古ＲＣマンションを何棟も持っている人、区分所有マンションに強い人、そして私のように戸建て物件に投資している大家さんもいます。

たくさんの投資法を学べるので、そのなかから自分にフィットする投資法を探ることができます。もちろん、先輩大家さんと仲よくなれば業者の紹介や購入前の物件レビューについても期待できます。

成功するために成功している人のそばにいる

大家の会に参加して得られるメリットははかり知れません。

不動産投資で不可欠なコネクションができますし（私は大家の会で弁護士さんや税理士さんとお知り合いになりました）、あらゆる不動産投資の情報が飲み会の席で飛び交います（不動産投資本には絶対載せられないだろうなという類の情報や、○○市○○駅最寄りの物件はいいなど超ローカルな話題も含みます）。

そしてもっとも強調したいのが、**不動産投資家は実社会では非常に孤独な生き物**ということです。

あなたの会社には不動産投資をやっている人がいらっしゃいますか？

私の周囲では株やＦＸをやっている同僚はいますが、不動産投資をやっている人にはお目にかかったことがありません。

人は周りの人の影響から逃れられない生き物です。たとえば、投資目的なのか浪費目的なのか問わずに**一律に借金は悪といった考え方は不動産投資家にとってははっきりと有害**

先達はどこにいる?

です。共有すべきものではありません。

成功するには成功した人と仲よくなるのが一番の近道だといいます。それは成功者の人脈などコネクションを手に入れることができるからだけではないでしょう。**成功した人と同じ考えを持てるようになるから**だと思います。

大家の会では皆さん不動産投資を志しているのはもちろんですが、なかには野心家気質の人もたくさんいます。そのような人たちと場と考え方を共有することで、不動産投資家としてのモチベーションを維持し続けることができます。

成功哲学の生みの親ナポレオン・

ヒルが著した『思考は現実化する』のなかには「マスターマインド」という言葉が出てきます。マスターマインドとは、「2人以上の、統一した願望や目標を持った人間の集まり」のことです。意識の高い者同士が互いに助言し合ったり、切磋琢磨し合ったりする集合体のことです。

ナポレオン・ヒルをはじめさまざまな成功者がこのマスターマインドをすすめています。適切なマスターマインドグループを持てれば、願望や目標はほぼ半分達成されたも同然だ、と。大家の会のような共通の目的を持つ人間が集う場所こそマスターマインドなのではないでしょうか。

私は「千葉大家の会」に参加させてもらっています。千葉大家の会では月例でセミナー、懇親会を開催しています。セミナーの内容は多種多様で、これまでは著名大家さんの賃貸経営術など不動産投資そのものの話から、税金の話や法律の話など周辺にある話も取り上げられてきました。参加費用はだいたい5000～6000円くらいで、懇親会の費用込です（安すぎませんか？）。年会費はかかりません。

大家の会と聞くと何だか堅そうなイメージがあるかもしれませんが、参加しているのは気さくな方ばかりで、毎回飲み会も大盛り上がりです。まずは「地域名＋大家の会」で検索してみることから始めてみてはいかがでしょうか。

必ず不動産投資家の身になってくれるブログ＆書籍

不動産投資をしていくうえで勉強は欠かせません。

「富への道はふたつの言葉にかかっている。『勤勉』と『倹約』。つまり時間もお金も無駄にせず、その両方を最大限有効に活用するということだ」

アメリカ合衆国建国の父の1人、ベンジャミン・フランクリンの名言です。

私も習慣的に、大家さんが執筆するコラムやブログ、書籍などに目を通して勉強しています。それらは勉強になるのはもちろん、投資へのモチベーションを高める一助にもなってくれています。

なかでも私は不動産投資ポータルサイト楽待や健美家に掲載されるコラムをよく読んでいます。ほぼ毎日更新されますし、超ベテランから参入したての方まで多士済々の投資家さんが記事を投稿していますので、一度にまとまった情報を吸収することができます。

ブログでは投資家さんのプライベートな話題が記事になっていたりしますが、コラムでは不動産投資と無関係の記事は投稿できませんので（私も楽待でコラムを書いているのでそのへんのことはよくわかります）、不動産投資ポータルサイトのコラムは投資の勉強に打ってつけです。

コラムのほうを重視してはいますが、もちろんブログにも「これはぜひ！」というおすすめがあります。次の2つのブログは、ほぼ毎日チェックを欠かしていません。本当にためになりますよ。

ブログ●「人気の戸建賃貸投資であなたも不動産投資家になりませんか？」

戸建賃貸仕事人・宮本さんのブログです。宮本さんは不動産業者の方なのですが、戸建て賃貸に特化したノウハウを惜しげもなく公開されています。

最初の記事から目を通していけば、それだけで戸建て賃貸のことはほとんど理解できてしまうくらいの質とボリュームがあります。とくにこれから戸建て賃貸をやってみたいという方にはマストチェックのブログです。

宮本さんのブログは２０１０年1月スタートで、２０１２年くらいからほぼ毎日記事をアップするスタイルが定着されているようです。その熱い思いには感服します。

ブログ●「自主管理大家の日々」

大阪にお住まいの必殺大家人さんが執筆されています。不動産投資ブログランキングで

1位に輝くブログで、不動産投資家にとっては「いわずと知れた」と形容したほうがいい有名ブログです。

必殺大家人さんは現在16棟440戸の物件を、業者の手を借りずにすべてご自分で管理されています。驚かされるのが多くの物件の修繕をご自分でやっていること。キッチンの交換や洗面化粧台の設置などもセルフで、そのやり方をブログで公開してくれているので非常に勉強になります。

もう1つ、いつも興味深く拝見しているのが家賃滞納者への対処のしかたです。大家さんのなかでも経験している人はそう多くない家賃回収のための調停や訴訟について細かく描写されており、ついつい読み入ってしまいます。

読んで後悔ナシ！　不動産投資本6選

本はとくに不動産投資駆け出しのころに読みあさりました。これから始めるという方であれば、物件購入に踏み切る前に最低でも10冊程度は「不動産投資」カテゴリーにある本を読んでおくべきだと思います。ここでは目からウロコだった私なりのおすすめ書籍をご紹介します。

『まずはアパート一棟、買いなさい!』石原博光 著　SBクリエイティブ

私が最初に目にした不動産投資の本です。「不動産投資はお金持ちがやる投資」と決めつけていた私には、「こんな少ない資金で不動産投資が始められるのか!」ということが衝撃でした。

地方の高利回り物件を取得していかに運営していくか詳細に書かれており、「人口減少が進む地方の物件でうまくやることなんてできるの?」という素朴な疑問に応えてくれます。タイトルは「アパート一棟」ですが、戸建て賃貸投資にも応用可能な考え方やノウハウが満載です。

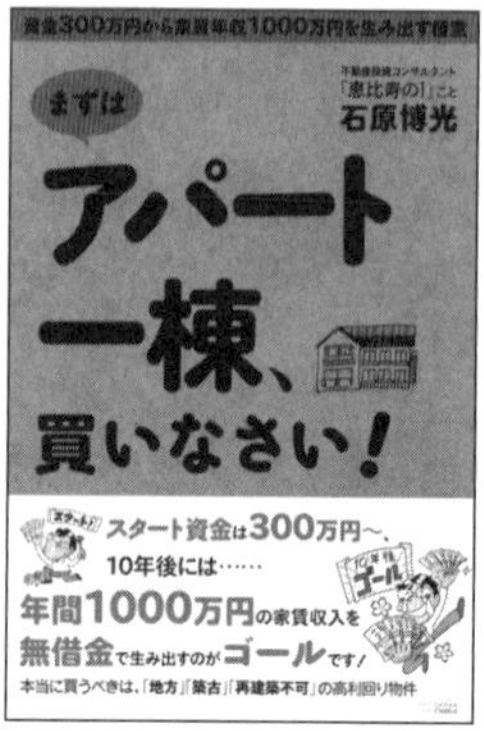

著名投資家
"恵比寿のI"が
送り出した
ベストセラー

『改訂版　金持ち父さん　貧乏父さん』ロバート・キヨサキ 著　白根美保子 訳　筑摩書房

定番中の定番もいいところで、何をいまさらとお叱りを受けそうですが、あえて取り上げさせてもらいました。

説明不要のバイブル。ファイナンシャルリテラシーを説く最高峰

ついつい先送りしたまま読んでこなかったという方はいまからでも遅くありません。ファイナンシャルリテラシーを理解するには最上クラスの本だと思います。私はこの本によってお金に対する考え方が一変しました。

『学生でもできた！ 逆転不動産投資術』石渡浩 著 ぱる出版

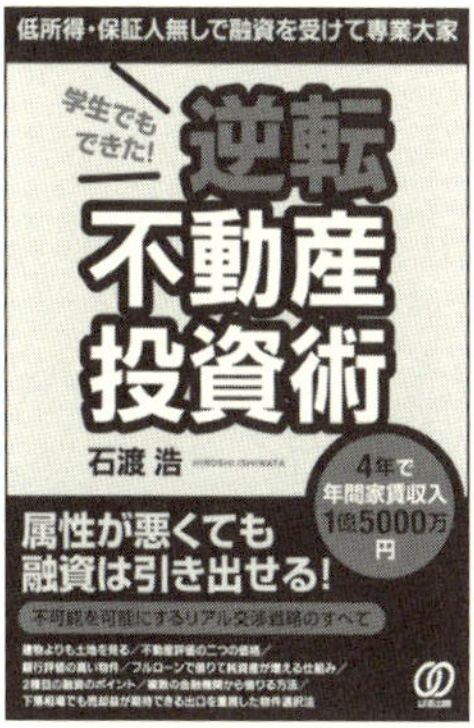

「借金王」を自称する融資の達人による教科書

融資対策を学ぶのにマストの本です。

石渡さんがやっているのは、私の地方築古戸建て投資とは真逆の積算評価を重視した投資です。ただし、これまで述べてきたように地方戸建てであっても公庫などから融資を引く可能性は十分にあります。そのときは融資対策のノウハウの有無が金利や融資期間などの条件を左右します。融資条件はキャッシュフローに大きな影響

を与える重要な要素です。

低属性など不利な状況でも融資を引き出すノウハウが書かれているので、属性に自信がないけれど融資によってレバレッジを効かせていきたいという方にはとくにおすすめの本です。

『元手300万円で資産を永遠に増やし続ける方法』松田淳 著 ぱる出版

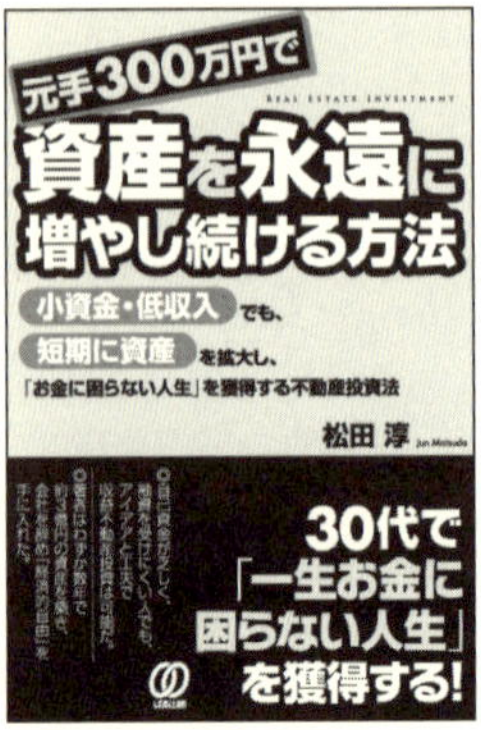

松田さんはセルフリフォームで有名な方で、この本にもセルフリフォームのノウハウが満載です。私もキッチンのカッティングシート貼りなどを参考にさせてもらってセルフリフォームをやっています。

築古戸建てはアパート1室などと比べると修繕に費用がかかります。その修繕費をいかに安く抑えるかは戸建て賃貸で利益を残すうえで軽んじることはできません。

セルフリフォームのノウハウがあればリフォームコストを削れますが、本業をお持ちの方は時間の縛りが厳しいはずですから費用対効果の高いセルフリフォームを選択しなければいけません。この本のなかでは築古戸建てのセルフリフォームも

取り上げられています。戸建て賃貸にとって即戦力になってくれる本です。

『借金ナシではじめる激安アパート経営』　加藤ひろゆき 著　ぱる出版

加藤さんは「鬼の指値」で有名です。地方に所在する物件を大幅な指値を入れて購入し、高利回り物件をつくり上げる投資法で知られています。

融資を引かずに現金購入されるスタイルのようで、いかに鬼の指値のような大幅な指値を通すかがキモになっています。そのノウハウは誰もが知りたいところでしょう。

加藤さんは物件を自主管理されているので、自主管理を目指す方は参考になるところが多いと思います。加藤さんの本は思わず吹き出してしまうくらいエピソードが面白く、その点も魅力の1つになっています。

「激安不動産投資家」
はいかにして
生まれたか?
読み物としても楽しい

『アパ・マン137室入居率97・4%の満室経営バイブル』今田信宏 著　かんき出版

サラリーマン大家さんが参考にできる運営ノウハウが豊富

賃貸物件の運営を志す方には必須の本だと思います。賃貸の客付け、管理の基本、リフォームを安く仕上げる方法まで賃貸物件の運営に関することが網羅されています。主にアパート物件を対象にして書かれていますが、戸建て物件にも通じるノウハウがたくさんあります。いくら安く購入できたとしても運用がうまくいかなければ投資は失敗に終わります。満室経営を目指す皆さんにぜひお読みいただきたい本です。

あとがき

本書を最後までお読みいただきありがとうございました。

不動産投資はお金儲けの手段であることはもちろんですが、**それだけで終わらずにとても楽しいもの**です。**私は楽しんでボロ物件の再生や運営をしています。**私の周りの大家さんも同じです。私は不動産投資を始めて、少し漠然とした言い方ですが、**人生が豊かになった実感があります。**この本が、読者の皆さまが不動産投資と出会い、人生を豊かにする手助けになってくれることがあれば本当にいうことはありません。

紙幅の都合で書ききれなかった内容がまだあります。気になる方は私のブログや楽待で執筆しているコラムもぜひご覧ください。

◉高利回り戸建賃貸投資ｉｎ千葉ｂｙサーファー薬剤師（http://ameblo.jp/lenoxheads/）

◉楽待　サーファー薬剤師のページ（http://www.rakumachi.jp/news/archives/author/lenoxheads）

最後に、不動産投資に出会うきっかけを与えてくださった石原博光さん、本を書くきっかけを与えてくださった技術評論社の三橋太一さんに感謝申し上げます。

著者紹介

サーファー薬剤師

1980年、東京都足立区生まれ。

薬科大学卒業後に薬剤師免許取得。その後、かねてからの夢であったオーストラリアワーキングホリデーに行き、サーフィン、海外生活を満喫し帰国。帰国後は千葉で薬剤師のパートをするかたわら、ネットショップを立ち上げ、インドネシアからハンモックチェアを輸入販売するが、ネット通販の厳しさの前に断念。

進むべき道に迷っているときに著名不動産投資家の石原博光さんに出会い、不動産投資の勉強を始める。家賃3万2000円の激安アパートに引っ越し節約しながら資金をつくり、2012年に第1号の物件を取得。それから3年かけて現在は7戸の戸建て物件を所有。

物件のすべてが地方の築古戸建て物件。200～300万円台のボロ戸建てを空き家の状態で購入し、低コストリフォームで再生することをもっとも得意としている。

不動産投資駆け出しのころからブログ「高利回り戸建賃貸投資in千葉byサーファー薬剤師」を開始。2013年10月より大手不動産投資ポータルサイト「楽待」にてコラムニストとして活躍中。

ブログ
http://ameblo.jp/lenoxheads/
楽待のページ
http://www.rakumachi.jp/news/archives/author/lenoxheads

カバーデザイン／本文レイアウト……矢野のり子+島津デザイン事務所
イラストレーション……中山成子

〒162-0846　東京都新宿区市谷左内町21-13
(株)技術評論社　書籍編集部
『空き家は使える! 戸建て賃貸テッパン投資法』質問係
FAX　03-3513-6183
Web　https://gihyo.jp/book/2015/978-4-7741-7486-0

空《あ》き家《や》は使《つか》える!
戸《こ》建《だ》て賃貸《ちんたい》テッパン投資法《とうしほう》

2015年 8月15日 初版 第1刷発行
2022年11月 1日 初版 第5刷発行

著 者　サーファー薬剤師《やくざいし》
発行者　片岡 巌
発行所　株式会社技術評論社
東京都新宿区市谷左内町21-13
電話 03-3513-6150 販売促進部
03-3513-6166 書籍編集部
印刷/製本　港北メディアサービス株式会社

定価はカバーに表示してあります。

ISBN978-4-7741-7486-0 C0034
Printed in Japan